MARY BELL
L'ENFANCE MEURTRIÈRE

Scénario
THÉA ROJZMAN
Dessin
VANESSA BELARDO
Couleur
STEFANO RONCONI | ARANCIA STUDIO

Glénat

MIXTE
Papier | Pour une gestion forestière responsable
FSC® C015559
FSC
www.fsc.org

www.glenat.com

Couvent Sainte-Cécile, 37 rue Servan, 38000 Grenoble.
contact@glenat.com

Dépôt légal : février 2025
ISBN : 978-2-344-04627-2 / 001
Achevé d'imprimer en janvier 2025 par Drukarnia Interak Sp. z o.o.,
sur papier provenant de forêts gérées de manière durable.

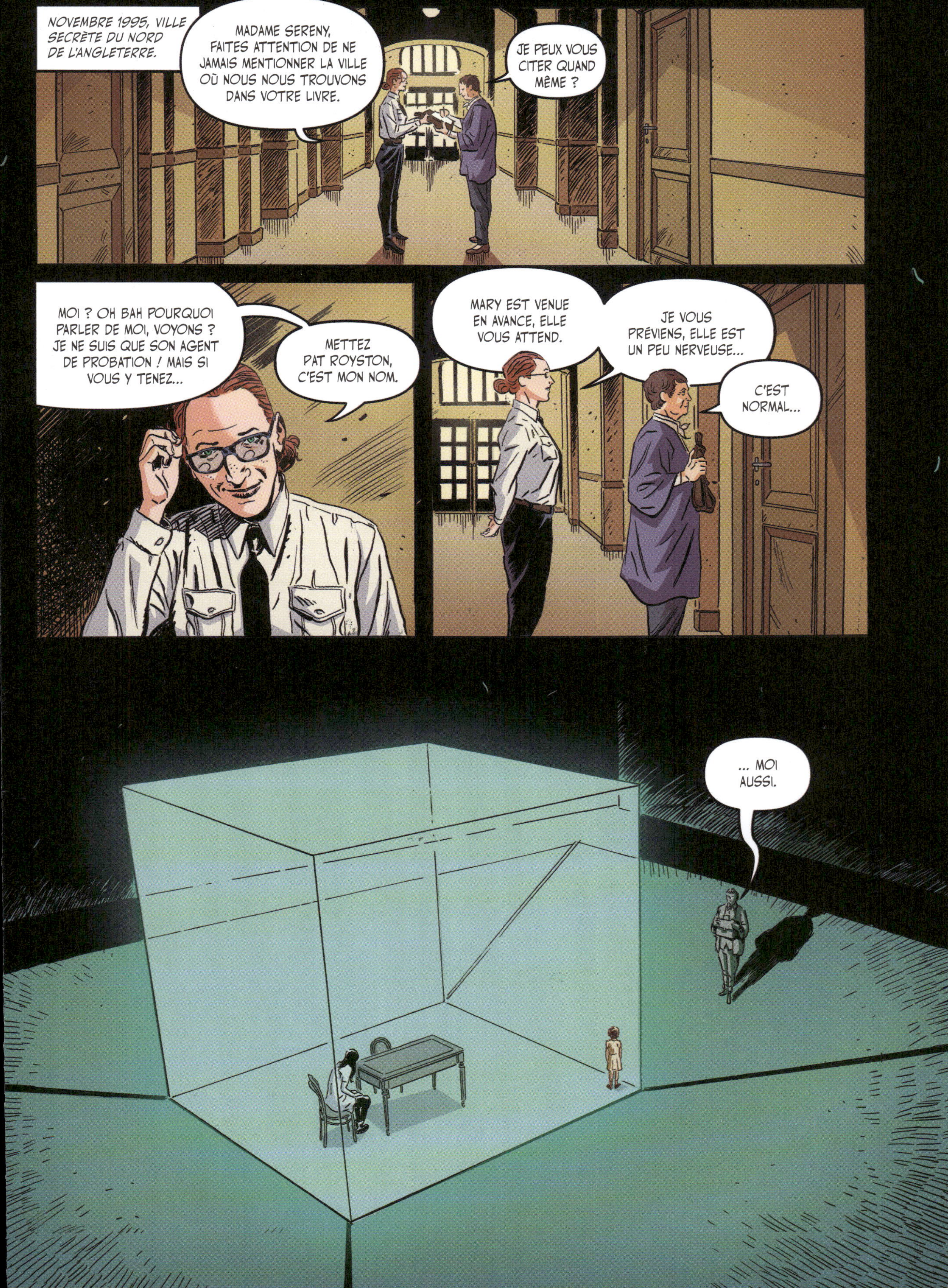

NOVEMBRE 1995, VILLE SECRÈTE DU NORD DE L'ANGLETERRE.
MADAME SERENY, FAITES ATTENTION DE NE JAMAIS MENTIONNER LA VILLE OÙ NOUS NOUS TROUVONS DANS VOTRE LIVRE.
JE PEUX VOUS CITER QUAND MÊME ?
MOI ? OH BAH POURQUOI PARLER DE MOI, VOYONS ? JE NE SUIS QUE SON AGENT DE PROBATION ! MAIS SI VOUS Y TENEZ...
METTEZ PAT ROYSTON, C'EST MON NOM.
MARY EST VENUE EN AVANCE, ELLE VOUS ATTEND.
JE VOUS PRÉVIENS, ELLE EST UN PEU NERVEUSE...
C'EST NORMAL...
... MOI AUSSI.

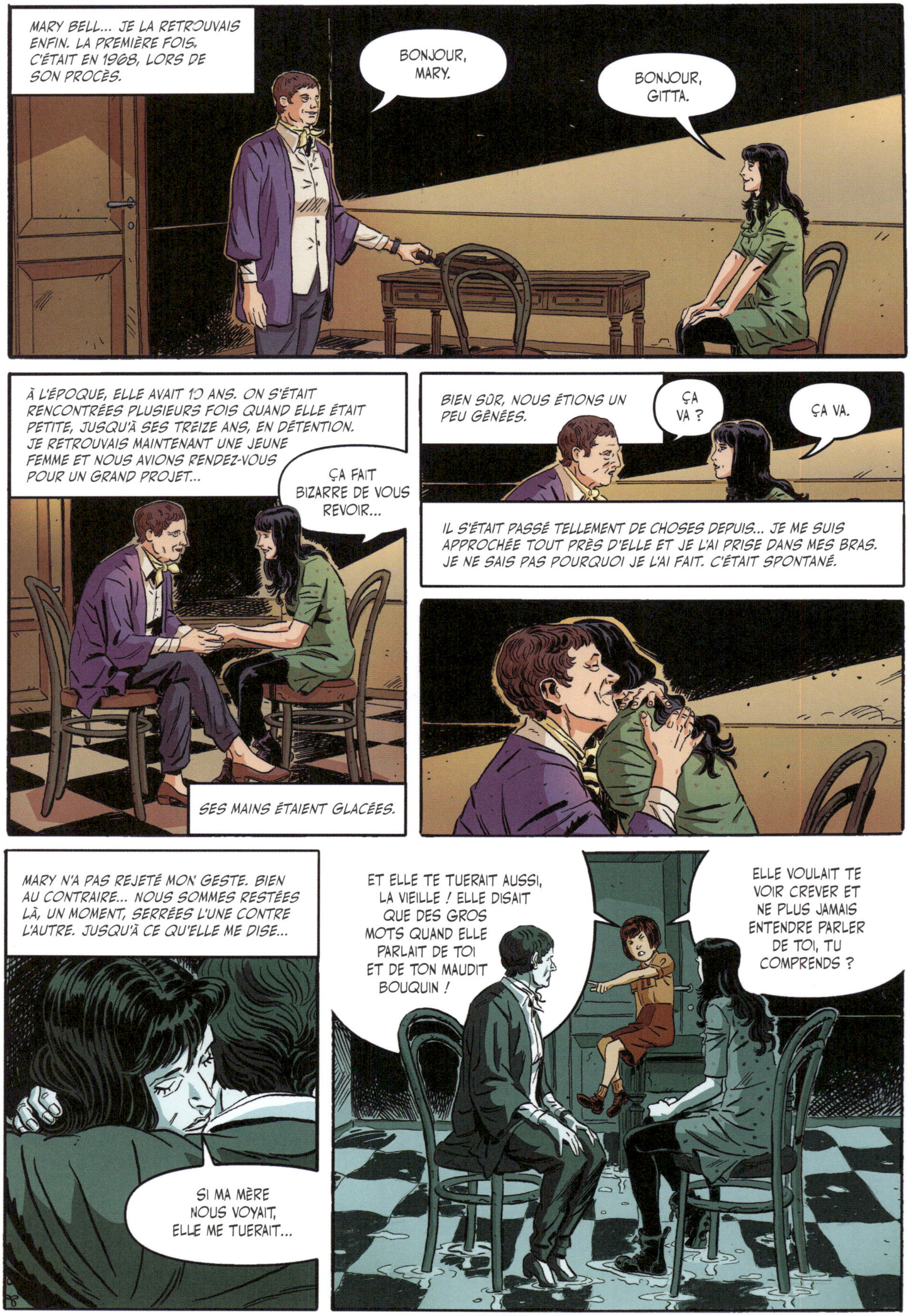
MARY BELL... JE LA RETROUVAIS ENFIN. LA PREMIÈRE FOIS, C'ÉTAIT EN 1968, LORS DE SON PROCÈS.
BONJOUR, MARY.
BONJOUR, GITTA.
À L'ÉPOQUE, ELLE AVAIT 10 ANS. ON S'ÉTAIT RENCONTRÉES PLUSIEURS FOIS QUAND ELLE ÉTAIT PETITE, JUSQU'À SES TREIZE ANS, EN DÉTENTION. JE RETROUVAIS MAINTENANT UNE JEUNE FEMME ET NOUS AVIONS RENDEZ-VOUS POUR UN GRAND PROJET...
ÇA FAIT BIZARRE DE VOUS REVOIR...
SES MAINS ÉTAIENT GLACÉES.
BIEN SÛR, NOUS ÉTIONS UN PEU GÊNÉES.
ÇA VA ?
ÇA VA.
IL S'ÉTAIT PASSÉ TELLEMENT DE CHOSES DEPUIS... JE ME SUIS APPROCHÉE TOUT PRÈS D'ELLE ET JE L'AI PRISE DANS MES BRAS. JE NE SAIS PAS POURQUOI JE L'AI FAIT. C'ÉTAIT SPONTANÉ.
MARY N'A PAS REJETÉ MON GESTE. BIEN AU CONTRAIRE... NOUS SOMMES RESTÉES LÀ, UN MOMENT, SERRÉES L'UNE CONTRE L'AUTRE. JUSQU'À CE QU'ELLE ME DISE...
SI MA MÈRE NOUS VOYAIT, ELLE ME TUERAIT...
ET ELLE TE TUERAIT AUSSI, LA VIEILLE ! ELLE DISAIT QUE DES GROS MOTS QUAND ELLE PARLAIT DE TOI ET DE TON MAUDIT BOUQUIN !
ELLE VOULAIT TE VOIR CREVER ET NE PLUS JAMAIS ENTENDRE PARLER DE TOI, TU COMPRENDS ?

SI TU RECOMMENCES, ÇA VA BARDER, JE TE PROMETS !
TU SAIS PAS COMMENT C'EST QUAND ELLE EST VRAIMENT EN COLÈRE !
BETTY, SA MÈRE, ÉTAIT DÉCÉDÉE RÉCEMMENT. MARY ÉTAIT LIBÉRÉE DE QUELQUE CHOSE. J'ESPÉRAIS QU'ELLE POURRAIT MAINTENANT TOUT ME DIRE...
JE NE VEUX PLUS QUE LES GENS RACONTENT N'IMPORTE QUOI À MON SUJET.
JE NE LE VEUX PLUS NON PLUS. CE LIVRE DIRA VOTRE VÉRITÉ.
J'AI PEUR D'ÊTRE SUBMERGÉE. DE ME SOUVENIR DE...
TAIS-TOI. TAIS-TOIIIIIIIIII !
TU NE DOIS RIEN DIRE ! MAMAN A DIT QU'IL NE FAUT RIEN DIRE !
NOUS PRENDRONS LE TEMPS...
VOUS VOUS INQUIÉTEZ DE CE QUE LES GENS VONT PENSER ?
OUI, MAIS CE N'EST PAS LE PLUS IMPORTANT...
JE VEUX COMPRENDRE... POURQUOI... J'AI... COMMENT C'EST ARRIVÉ. TOUT ÇA...

GITTA, JE NE SUIS PAS SÛR QUE CE SOIT UNE BONNE IDÉE.
QUOI DONC ?
DE REPRENDRE CETTE HISTOIRE DE MARY BELL... TU VIENS D'AVOIR UN PRIX POUR TON LIVRE SUR ALBERT SPEER, POURQUOI TU NE CONTINUES PAS À TRAVAILLER SUR LES NAZIS, PLUTÔT ?
DON, J'AI ASSISTÉ AU PROCÈS NUREMBERG, J'AI TRAVAILLÉ SUR LA CULPABILITÉ ALLEMANDE ET CONFRONTÉ DES HOMMES COUPABLES À L'IGNOBLE RÉALITÉ DE LEURS ACTES...
... MAIS C'EST LA RACINE DU MAL QUI M'INTÉRESSE, PAS L'ALLEMAGNE NAZIE EXCLUSIVEMENT !
MAIS C'EST INSIGNIFIANT, CETTE HISTOIRE DE GOSSE MEURTRIÈRE !
PARFOIS, J'AI L'IMPRESSION QUE TU NE SAIS PAS QUI JE SUIS ET QUE TU NE COMPRENDS PAS LE SENS DE MON TRAVAIL...

ET PUIS, DONNER LA MOITIÉ DE TES DROITS D'AUTEUR À CETTE CRIMINELLE, C'EST COMPLÈTEMENT DÉPLACÉ. TU VAS TE METTRE TOUTE L'ANGLETERRE ET TOUS LES MÉDIAS À DOS !
TU AS ENTENDU MA PHRASE D'AVANT ?
OUI, OUI.
BON, DE TOUTE FAÇON, TU FAIS TOUJOURS COMME TU VEUX. AU FINAL, JE N'AI PAS MON MOT À DIRE, N'EST-CE PAS ?
ENFIN QUELQUE CHOSE QUE TU COMPRENDS !
ET DONC ? VOUS AVEZ PARLÉ DE QUOI ?

NOUS AVONS UN PEU PARLÉ DU CONTEXTE DE L'ÉPOQUE, DE SON QUARTIER. DE SA VIE AVEC SA FAMILLE, DES VOISINS... IL LUI A FALLU DU COURAGE. JE LA SENTAIS COMME EN GUERRE, COMME SI ON PARTAIT AU FRONT, RAMPANT VERS UN PASSÉ DOULOUREUX À FOUILLER...
IL FAUT VRAIMENT RETOURNER LÀ-BAS ?
JE NE CROIS PAS QUE NOUS AYONS LE CHOIX SI NOUS VOULONS COMPRENDRE VOTRE HISTOIRE... SI NOUS VOULONS QUE VOUS LA COMPRENIEZ, ET CEUX QUI VOUS DÉTESTENT ÉGALEMENT...
1968, SCOTSWOOD.

VOUS RECONNAISSEZ CETTE ÉCRITURE, MARY ?
OUI. C'EST, LA VÔTRE, GITTA.
TOUTE VOTRE HISTOIRE EST ÉCRITE LÀ. ENFIN, CELLE QUE JE CONNAIS, CELLE QUE J'AI CONSIGNÉE ET ÉDITÉE EN 1972. VOUS VOUS SOUVENEZ ?
Dans le courant de l'année 1968, Martin Brown âgé de 4 ans puis Brian Howe âgé de 3 ans sont assassinés dans leur quartier de Scotswood (Newcastle). L'investigation permet d'identifier deux coupables, d'autres enfants du quartier : Mary Bell (11 ans) et Norma Bell (13 ans). (Même nom mais pas de lien de parenté). Elles sont jugées en décembre 1968 pour ces deux meurtres. Norma est acquittée, considérée comme déficiente mentale et manipulée. Mary Bell est condamnée à la prison à perpétuité. Les médias la qualifient d'enfant "démoniaque".

QUAND IL EST SORTI, J'AVAIS QUINZE ANS. MA MÈRE EN ÉTAIT DEVENUE DINGUE, ELLE VOUS DÉTESTAIT D'AVOIR PUBLIÉ CETTE HISTOIRE. SI ELLE AVAIT PU BRÛLER TOUS LES EXEMPLAIRES JUSQU'AU DERNIER, ELLE L'AURAIT FAIT.
MOI, JE NE L'AI JAMAIS LU EN ENTIER. JE N'Y CROYAIS PAS, À VOTRE BIENVEILLANCE À MON ÉGARD. C'ÉTAIT IMPOSSIBLE POUR MOI D'IMAGINER QUE QUELQU'UN VEUILLE ME DÉFENDRE. ELLE ME RÉPÉTAIT SI SOUVENT QUE JE NE VALAIS RIEN... POUR MOI, C'ÉTAIT FORCÉMENT L'AVIS DU MONDE ENTIER.
MA MÈRE NE VOULAIT PAS QUE LES GENS SACHENT QUE J'ÉTAIS SA FILLE. QU'ELLE ÉTAIT LA MÈRE DE CETTE ENFANT-LÀ. C'EST BIZARRE PARCE QUE, MOI, JE M'EN FICHAIS TOTALEMENT, DE CE BOUQUIN...
ET POURTANT, IL ÉTAIT IMPORTANT, CE PREMIER LIVRE. J'AVAIS MENÉ UNE VÉRITABLE ENQUÊTE, CONTRAIREMENT À LA JUSTICE DE L'ÉPOQUE... IL RACONTE VOTRE ENVIRONNEMENT ET UNE PARTIE DE VOTRE ENFANCE...
MAIS IL NE RACONTE PAS CE QUE VOUS AVEZ VÉCU ENSUITE.
ET SURTOUT, IL NE RACONTE PAS CE QUE VOUS AVEZ VÉCU **AVANT**.

VOUS NE CRAIGNEZ RIEN, MARY. CE NE SONT QUE DES SOUVENIRS.
JE N'AIME PAS LES SOUVENIRS.
FAITES-MOI CONFIANCE, TOUT IRA BIEN.
HEY, MAY, TU VIENS ?
MAY, C'EST COMME ÇA QUE TOUT LE MONDE M'APPELAIT...
ELLE, C'EST MA COPINE NORMA...
MAY, TU VIENS JOUER ?

ON EST DEUX SEMAINES AVANT LA MORT DU PETIT BRIAN...
SORS DE LÀ, LAISSE-NOUS LA PLACE !
NON !

CE JOUR-LÀ, VOUS AVEZ ÉTRANGLÉ DEUX PETITES FILLES. MAIS LES PARENTS N'ONT PAS PORTÉ PLAINTE...
CINDY M'AVAIT JETÉ DU SABLE !
AH TIENS, VOILÀ NORMA QUI REFAIT SA TÊTE D'ATTARDÉE MENTALE ! TU PARLES ! ELLE ÉTAIT NORMALE, COMME MOI !
MAIS ARRÊTE DE FAIRE CETTE TÊTE DE DÉBILE ! JE SAIS TRÈS BIEN POURQUOI TU FAIS ÇA. T'ES BEAUCOUP MOINS STUPIDE QUE T'EN AS L'AIR !
ELLE SE FAISAIT JUSTE PASSER POUR UNE DÉBILE POUR PAS SE FAIRE ENGUEULER ! AH, ÇA A BIEN MARCHÉ, AU PROCÈS !
ON FAISAIT LES MÊMES BÊTISES. MAIS C'EST TOUJOURS MOI QUI ME FAISAIS PUNIR, AU FINAL !
MERDE, J'ARRIVE PAS À ENLEVER SES MAINS !

ALLÔ, GITTA ? J'ARRIVE CE SOIR À LA GARE. JE LOGERAI CHEZ VOUS COMME CONVENU POUR NOS NOUVEAUX RENDEZ-VOUS DE TRAVAIL.
C'EST PARFAIT, MARY. À QUELLE HEURE ARRIVE VOTRE TRAIN ?
J'AI ASSEZ D'ARGENT POUR PRENDRE UN TAXI, INUTILE DE VENIR ME CHERCHER !
ELLE ARRIVE À QUELLE HEURE ?
ELLE NE M'A PAS DIT. DANS LA SOIRÉE.
TU VIENS TE COUCHER ? ELLE NE VIENDRA PLUS, MAINTENANT. IL EST PRESQUE MINUIT, GITTA.

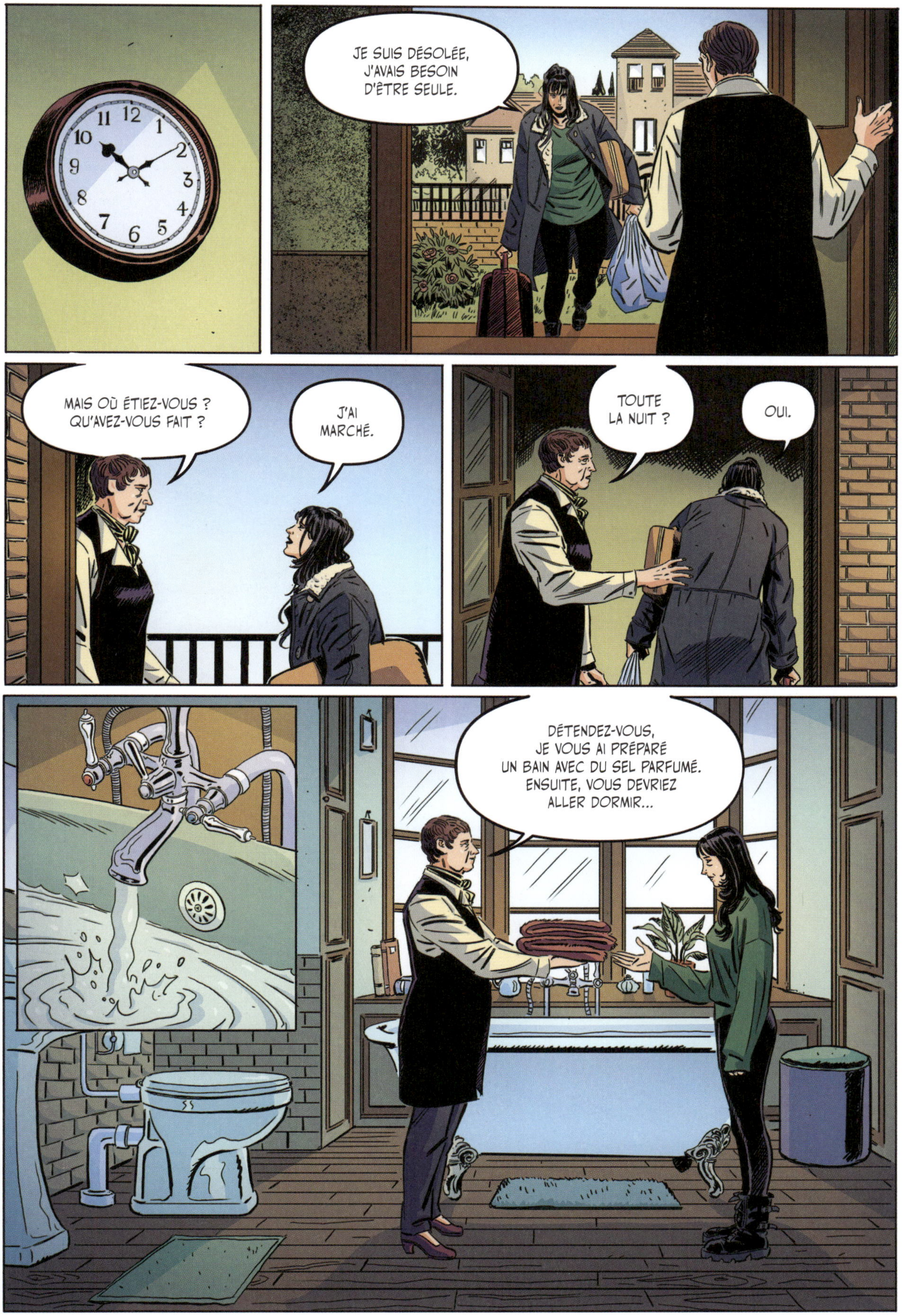
JE SUIS DÉSOLÉE, J'AVAIS BESOIN D'ÊTRE SEULE.
MAIS OÙ ÉTIEZ-VOUS ? QU'AVEZ-VOUS FAIT ?
J'AI MARCHÉ.
TOUTE LA NUIT ?
OUI.
DÉTENDEZ-VOUS, JE VOUS AI PRÉPARÉ UN BAIN AVEC DU SEL PARFUMÉ. ENSUITE, VOUS DEVRIEZ ALLER DORMIR...

DIX HEURES PLUS TARD...
JE SUIS PRÊTE, ON PEUT CONTINUER !
IL EST 22 H, MARY. NOUS REPRENDRONS DEMAIN MATIN...
COMMENT EST-ELLE DEVENUE CETTE ENFANT ?
QUOI ?
J'ESSAIE DE ME RAPPELER CE QUE TOUS CES GENS M'AVAIENT DIT À PROPOS DE MARY.
QUAND MARY EST NÉE ET QU'ON LUI A POSÉ LE BÉBÉ SUR ELLE, BETTY A HURLÉ : « DÉBARRASSEZ-MOI DE CETTE CHOSE ! » ELLE AVAIT 17 ANS.
BILLY, CE N'EST PAS SON VRAI PÈRE. IL L'A ADOPTÉE QUAND ILS SE SONT MARIÉS, DIX MOIS PLUS TARD.
BETTY, MA PROPRE SŒUR, ELLE ME FAISAIT FLIPPER. ELLE ESSAYAIT DE SE DÉBARRASSER VRAIMENT DU BÉBÉ. J'AI MÊME PROPOSÉ DE L'ADOPTER, UNE FOIS.
ON AVAIT DES SOUPÇONS. ELLE A ESSAYÉ DE LA TUER PLUSIEURS FOIS QUAND ELLE ÉTAIT PETITE. IL Y AVAIT BEAUCOUP D'ÉVÉNEMENTS BIZARRES...

ENLÈVE TES MAINS DE SON COU, MERDE !
LAISSEZ DONC CE SOUVENIR TRANQUILLE. PARLEZ-MOI DE BETTY, PARLEZ-MOI DE VOTRE MÈRE.
QUE SE PASSE-T-IL ?
JE CROIS QUE C'EST PARCE QUE J'AI PEUR !

ELLE EST MORTE L'ANNÉE DERNIÈRE, POURTANT. JE NE DEVRAIS PLUS AVOIR PEUR D'ELLE.
EN VOUS, ELLE VIT TOUJOURS.
AH MERDE !
DON ! IL Y A ENCORE UNE COUPURE DE COURANT !
C'EST LA TROISIÈME FOIS, CE MOIS-CI. ON A UN PROBLÈME AVEC LE COMPTEUR D'ÉLECTRICITÉ.
NE FAITES PAS ATTENTION À MOI, JE NE FAIS QUE PASSER !
TENEZ, ÇA N'ÉCLAIRE PAS BEAUCOUP MAIS C'EST MIEUX QUE RIEN EN ATTENDANT... JE REVIENS !

AH ! MERCI, DON !
MARY ?
ELLE EST OÙ ?
MAIS JE NE SAIS PAS !
JE VEUX ARRÊTER, JIM. J'EN AI DÉJÀ MARRE !
ON A BESOIN DE CE FRIC, MARY ! DÉCONNE PAS !
PASSE-LA-MOI, JE VEUX LUI PARLER. JE VEUX PARLER À MA FILLE.

JE VOUS AVAIS PRÉVENUE QUE CE SERAIT ÉPROUVANT... IL FAUT AUSSI VOUS PRÉPARER À LA SORTIE DE CE LIVRE. LES GENS VONT NOUS ACCUSER DE PROFANER LA TOMBE DES DEUX PETITS GARÇONS. ILS VONT NOUS DÉTESTER ET LES MÉDIAS VONT NOUS TRAÎNER DANS LA BOUE.
OH, JE SAIS BIEN... JE SAIS BIEN QUE LES GENS ME DÉTESTENT DEPUIS QUE JE SUIS GOSSE... MAIS ILS JUGENT SANS SAVOIR. S'ILS SAVAIENT CERTAINES CHOSES, JE CROIS QUE CE SERAIT DIFFÉRENT.
CERTAINES CHOSES ? LESQUELLES ?
OH, JE NE SAIS PAS, DES CHOSES...
DE TOUTE FAÇON, ON N'A PAS LE CHOIX. ON DOIT LE FAIRE, CE DEUXIÈME LIVRE. LES TABLOÏDS ME COURENT APRÈS. ILS VEULENT TOUT SAVOIR !
APRÈS TOUT, UNE FOIS QUE VOUS AUREZ RACONTÉ TOUTE MA VIE, IL NE RESTERA PLUS GRAND-CHOSE À ME DEMANDER, N'EST-CE PAS ?

ON EN ÉTAIT À VOTRE MÈRE MARY. À BETTY.

C'EST MON LIVRE. J'AI TOUT MIS DEDANS, TOUT !
QU'EST-CE QUE C'EST, MARY ?
OH, ÇA, CE N'EST PAS UN LIVRE. C'EST SON ALBUM FÉTICHE. UNE SORTE DE JOURNAL DANS LEQUEL ELLE ÉCRIVAIT, COLLAIT DES TRUCS... J'AI TOUJOURS VOULU LE LIRE POUR SAVOIR CE QU'ELLE AVAIT DANS LA TÊTE. JE L'AI CHERCHÉ APRÈS SA MORT MAIS ELLE AVAIT DÛ LE DÉTRUIRE. JE NE L'AI JAMAIS RETROUVÉ...
SI SI, C'EST UN LIVRE ! UN BEST-SELLER ! VENEZ LE LIRE, SUIVEZ-MOI !
ET VENEZ ME LÉCHER LA CHATTE SI VOUS EN AVEZ LE COURAGE, PETITES SALOPES !

ELLE NOUS EMMÈNE DANS SON VENTRE !
VOUS VOYEZ COMME C'EST SOMBRE ? ELLE N'ÉTAIT PAS COMME UNE MÈRE !
CE N'EST PAS DE L'EAU, C'EST DE LA BOUE ! ON VA DANS LA BOUE !

CE N'EST PAS PROFOND, VOUS VOYEZ ? PAS SI PROFOND QU'ON IMAGINAIT...
BEN ALORS, VOUS FOUTEZ QUOI ?
TU M'AS TELLEMENT HUMILIÉE, TU DEVRAIS AVOIR HONTE, PETITE PUTE !
AH, MERDE, JE DÉTESTE CE QU'ON EST EN TRAIN DE FAIRE !
ON AVANCE, MARY. C'EST DUR, MAIS ON AVANCE.
JE NE VEUX PAS LES VOIR, GITTA ! ARRÊTEZ, JE NE VEUX PAS LES VOIR !

VOUS LES AVEZ TUÉS, MAIS VOUS N'ÊTES PAS RESPONSABLE !
IL FAUT SAISIR LA NUANCE. C'EST DE CETTE RESPONSABILITÉ QUE JE VEUX PARLER DANS CE NOUVEAU LIVRE ! ET POUR QUE LES GENS LE COMPRENNENT, IL FAUT QUE VOUS LE COMPRENIEZ VOUS AUSSI !
VOUS ME FAITES MAL AU BRAS.

MAY... ?
OÙ EST BETTY ?
OÙ EST TA MÈRE ?
NOON !

NON !
ELLE NE PEUT PAS MOURIR, MARY.
IL EST TEMPS DE FAIRE UNE PAUSE.

Delicatessen & Cafe
WELCOME
C'EST POUR TOI OU POUR ELLE, LE VIN ?
JE NE SAIS PAS QUAND ELLE REVIENDRA... ÇA FAIT UNE SEMAINE QUE JE L'ATTENDS TOUS LES MATINS...
ELLE EST INSTABLE, TU AURAIS DÛ T'EN DOUTER.
OUI, JE LE SAVAIS. MAIS JE LUI DEMANDE BEAUCOUP, JE DOIS ÊTRE PATIENTE.
C'EST DÉPRIMANT, TOUT ÇA. COMME TES NAZIS D'AILLEURS. N'AS-TU JAMAIS ENVIE D'ÉCRIRE SUR L'AMOUR, SUR LA VIE ?
J'ÉCRIS SUR L'AMOUR ET SUR LA VIE QUAND JE RENDS À L'ENFANCE TOUTE LA JUSTICE QU'ELLE MÉRITE.

DÉCALEZ-VOUS VERS MOI, S'IL VOUS PLAÎT. JE NE VOIS RIEN.
C'EST DRÔLE, VOUS ME CACHEZ LE SOLEIL ET POURTANT JE VOIS MIEUX...
NOUS DEVONS AUJOURD'HUI EN VENIR AUX FAITS, MARY...
VOUS LES CONNAISSEZ, LES FAITS. VOUS AVEZ ENQUÊTÉ PENDANT DES ANNÉES.
ON VA Y RETOURNER UN PEU, ENSEMBLE. JE VAIS VOUS DIRE CE QUE LE POLICIER CHARGÉ DE CES AFFAIRES M'A RACONTÉ.

1 H DU MATIN, JEUDI 1ER AOÛT 1968.
CHEF, UN PETIT GARÇON DE 3 ANS A ÉTÉ RETROUVÉ MORT DANS LE TIN-LIZZY DU QUARTIER DE SCOTSWOOD, PROBABLEMENT POIGNARDÉ. IL S'APPELLE BRIAN HOWE.
QUAND IL EST ARRIVÉ SUR PLACE, IL A TOUT DE SUITE FAIT LE LIEN AVEC LE MEURTRE DE MARTIN BROWN, QU'ILS AVAIENT TROUVÉ QUELQUES SEMAINES PLUS TÔT DANS LE MÊME QUARTIER. C'ÉTAIT POURTANT UNE AFFAIRE CLASSÉE, ILS AVAIENT CONCLU À UN ACCIDENT...
COMME POUR MARTIN, LES GENS DU QUARTIER ÉTAIENT TOUS SORTIS DE CHEZ EUX. IL M'A RACONTÉ QUE TOUT LE MONDE ÉTAIT BOULEVERSÉ, MÊME LES POLICIERS. LA MORT D'UN ENFANT ÉTAIT DÉJÀ INSUPPORTABLE, MAIS ALORS DEUX DE SUITE... IL S'EST JURÉ CETTE NUIT-LÀ DE RÉSOUDRE CETTE AFFAIRE QUOI QU'IL EN COÛTE.

IL EST DÉCÉDÉ HIER ENTRE 15H30 ET 16H30. IL N'A PAS ÉTÉ POIGNARDÉ MAIS ÉTRANGLÉ.
LES MARQUES SUR LE COU RÉVÈLENT UNE PRESSION FAIBLE... ET LES BLESSURES FAITES AVEC UN OBJET COUPANT SONT SUPERFICIELLES... CE N'EST PAS UN ADULTE QUI A FAIT ÇA !
IL A TOUT DE SUITE DÉPLOYÉ LES GRANDS MOYENS : IL A FAIT VENIR UNE CENTAINE D'AGENTS DE LA BRIGADE CRIMINELLE POUR FOUILLER TOUT LE QUARTIER.
LA NUIT, LES AGENTS ONT PRIS LES PREMIÈRES DÉPOSITIONS DE LA FAMILLE DE BRIAN ET DE SES VOISINS. ET DÈS LE LENDEMAIN MATIN, ILS ONT DISTRIBUÉ DES QUESTIONNAIRES À TOUS LES HABITANTS DU QUARTIER.

ILS ONT TOUT ÉPLUCHÉ, EXAMINÉ PLUS DE MILLE DÉPOSITIONS. CERTAINS TÉMOIGNAGES DES ENFANTS SE CONTREDISAIENT. IL EST ALLÉ LUI-MÊME INTERROGER CEUX-LÀ. ÇA CONCERNAIT UNE QUINZAINE D'ENFANTS. ET PARMI EUX, IL Y AVAIT NORMA. ET VOUS, MARY.
IL M'A RACONTÉ QU'IL AVAIT TROUVÉ NORMA BIZARRE. ELLE SOURIAIT. SON ATTITUDE N'ÉTAIT PAS APPROPRIÉE, ÉTRANGE.
ARRÊTE DE RIGOLER BÊTEMENT, NORMA, ET RÉPONDS AU MONSIEUR !
ELLE SEMBLAIT INDIFFÉRENTE À LA MORT DU PETIT. PIRE, ELLE SEMBLAIT S'EN AMUSER. COMME SI TOUT ÇA N'ÉTAIT QU'UN JEU OU UNE PLAISANTERIE.

ET PUIS, IL EST ARRIVÉ CHEZ VOUS... IL M'A CONFIÉ S'ÊTRE SENTI MAL À L'AISE DANS CETTE MAISON.
L'ODEUR ÉTAIT GÊNANTE ET ON ÉTOUFFAIT DANS CETTE SEMI-OBSCURITÉ MOITE. ON AVAIT DU MAL À IMAGINER DES ENFANTS VIVRE ICI, SANS JOUETS, DANS LA SALETÉ, À TRIPOTER DES MÉGOTS ET DES CANETTES DE BIÈRE...
ET SURTOUT, IL A TROUVÉ SUSPECTE L'ATTITUDE DE L'HOMME QUI VIVAIT LÀ AVEC VOUS. QUI ÉTAIT-IL ?
VOUS DÉCLAREZ ÊTRE SON ONCLE, MAIS OÙ EST SON PÈRE ?
OH, J'EN SAIS RIEN. JE CONNAIS QUE SA MÈRE.
ET ELLE EST OÙ, LA MÈRE DE LA PETITE ?
ELLE POUVAIT PAS ÊTRE LÀ, ELLE EST PARTIE POUR AFFAIRES !

POUR AVOIR LES AIDES SOCIALES, ON DEVAIT DIRE QUE NOTRE PÈRE ÉTAIT NOTRE ONCLE.
ET « ÊTRE PARTIE POUR AFFAIRES », ÇA VOULAIT DIRE SE PROSTITUER DEHORS...
TAIS-TOI, C'EST MOI QUE LE POLICIER VIENT VOIR ! JE SUIS UN BANDIT, COMME PAPA !
POUR MOI, CES DEUX GAMINES ÉTAIENT DANS LE COUP...
VOUS LE PENSIEZ UNIQUEMENT PARCE QU'ELLES ÉTAIENT BIZARRES ? OU AVIEZ-VOUS DÉCOUVERT AUTRE CHOSE ?
OH, TOUT ÉTAIT LOUCHE DANS LEUR DÉPOSITION... ELLES SE CONTREDISAIENT BEAUCOUP. ET MARY ÉTAIT BEAUCOUP TROP BAVARDE... ELLE SEMBLAIT SE PASSIONNER ANORMALEMENT POUR CETTE AFFAIRE...
OUAIS, JE ME SOUVIENS, J'AI VU UN PETIT GARÇON TOUT SEUL SUR DELAVAL ROAD. C'ÉTAIT LE MERCREDI.
IL AIMAIT BIEN FRAPPER BRIAN. JE L'AI DÉJÀ VU FAIRE. PAF, UN COUP DE POING ! PAF, UN COUP DE PIED ! IL LE FAISAIT SOUVENT ! VOUS NE TROUVEZ PAS ÇA BIZARRE, QUAND MÊME ?
D'AILLEURS, DES FOIS, IL UTILISAIT DES CISEAUX GRAND À PEU PRÈS COMME ÇA. VOUS VOYEZ ? AH, JE DIS PAS SUR BRIAN, MAIS EN TOUT CAS IL FAISAIT MAL À DES ANIMAUX AVEC LES CISEAUX !

CES CISEAUX, VOUS NE POUVIEZ PAS SAVOIR QU'ILS EXISTAIENT. C'ÉTAIT UN DÉTAIL DE L'ENQUÊTE QUI N'AVAIT PAS ÉTÉ RENDU PUBLIC. QUANT AU PETIT GARÇON, IL AVAIT ÉTÉ PROUVÉ QU'IL ÉTAIT AILLEURS AU MOMENT DU CRIME.
ET PUIS, LE 4 AOÛT, NORMA A COMMENCÉ À RACONTER TOUT AUTRE CHOSE... ET CELA VOUS IMPLIQUAIT DIRECTEMENT.
C'EST MAY, ELLE M'A DIT DE LA SUIVRE. ELLE A DIT « VIENS, ON VA VOIR BRIAN. »
VOUS L'AURIEZ EMMENÉE JUSQU'AU BLOC DE TIN-LIZZY OÙ SE TROUVAIT LE CORPS DÉJÀ MORT DE BRIAN. VOUS LUI AURIEZ ENSUITE CONFIÉ L'AVOIR TUÉ...
J'AI SERRÉ SON COU. MAIS TU RACONTES À PERSONNE, T'AS COMPRIS ?
C'EST PAS MOI NON PLUS, POUR LES CISEAUX ! ELLE A COUPÉ DANS LE VENTRE DE BRIAN, C'EST PAS MOI !
ON A TROUVÉ SUR LE CORPS LES FAIBLES CONTOURS DES LETTRES N ET M...

NORMA A ENSUITE RACONTÉ QUE VOUS AVIEZ VOULU RETOURNER VOIR LE CORPS APRÈS LE GOÛTER.
PAS SEULEMENT POUR LE VOIR, D'AILLEURS, MAIS POUR LUI COUPER LES CHEVEUX. VOUS AURIEZ AUSSI À NOUVEAU UTILISÉ LES CISEAUX POUR COUPER SON...
GITTA, STOP, ON ARRÊTE !
SUITE À CES DÉCLARATIONS ET À VOTRE MISE EN CAUSE, VOUS AVEZ VOUS AUSSI DONNÉ ENCORE UNE AUTRE VERSION DES FAITS. ET DANS CETTE DERNIÈRE VERSION, VOUS INCRIMINIEZ À VOTRE TOUR NORMA.
HIIIIIK
HIIIIIK
GITTA, J'AI DIT STOP ! J'AI PAS ENVIE D'ENTENDRE LA SUITE ! ON ÉTAIT DES GAMINES, ON DISAIT N'IMPORTE QUOI !
MAIS OÙ EST PASSÉE LA PRAIRIE ?

AU FINAL, L'ENQUÊTE VOUS A DÉCLARÉE SEULE VRAIE COUPABLE, NORMA A ÉTÉ RELAXÉE...
ALORS QUE J'AI RIEN FAIT !
TOI, SI, C'ÉTAIT TOI LE VIEUX PÉDÉ !
HEYYYY !
TU VOULAIS SAVOIR QUI ÉTAIT TON VRAI PÈRE, NON ?
AU SECOURS ! MAMAAAAAAN !
STOP, ÇA SUFFIT !

SI JE TE DISAIS QUI EST TON PÈRE, TU POURRAIS COMPRENDRE POURQUOI TU ES SI POURRIE DE L'INTÉRIEUR !
MARY, VIENS DÉFENDRE MAY !
JE...
JE NE PEUX PAS BOUGER.
JE NE PEUX PAS BOUGER, MERDE !

J'AVAIS BIEN COMPRIS QUE BILLY BELL, L'HOMME QUI VIVAIT AVEC VOUS, N'ÉTAIT PAS VOTRE VRAI PÈRE. A-T-ELLE FINI PAR VOUS DIRE QUI L'ÉTAIT ?

J'AI EU UNE RÉPONSE PLUS TARD, QUAND J'ÉTAIS EN PRISON. MAIS PAS CELLE QUE J'ATTENDAIS...

QUELLE SORTE DE RÉPONSE ?
PAS DE NOM. JUSTE DE QUOI ME TERRORISER ENCORE UN PEU PLUS...

NOOON !
GITTA ?

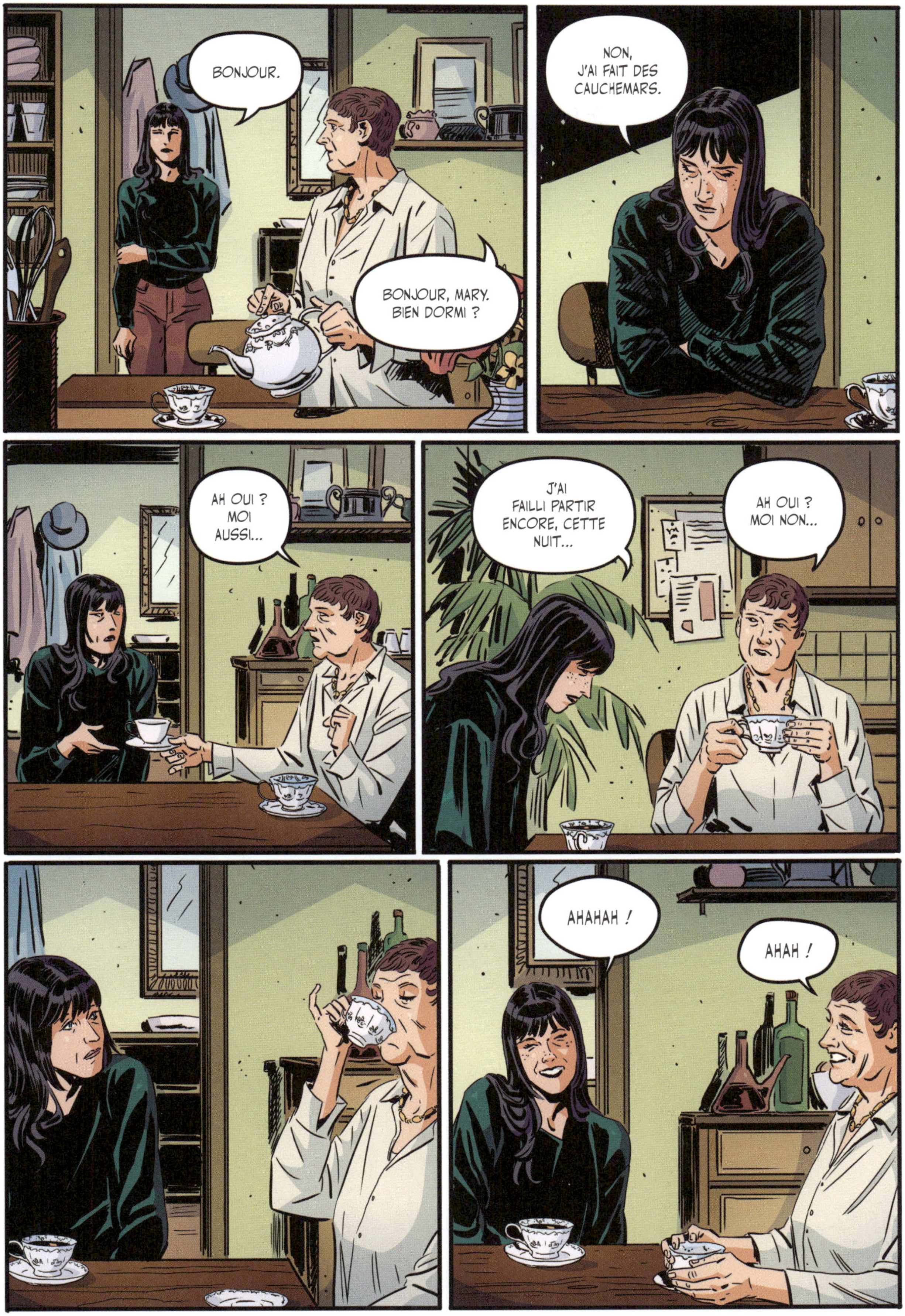
BONJOUR.
BONJOUR, MARY. BIEN DORMI ?
NON, J'AI FAIT DES CAUCHEMARS.
AH OUI ? MOI AUSSI...
J'AI FAILLI PARTIR ENCORE, CETTE NUIT...
AH OUI ? MOI NON...
AHAHAH !
AHAH !

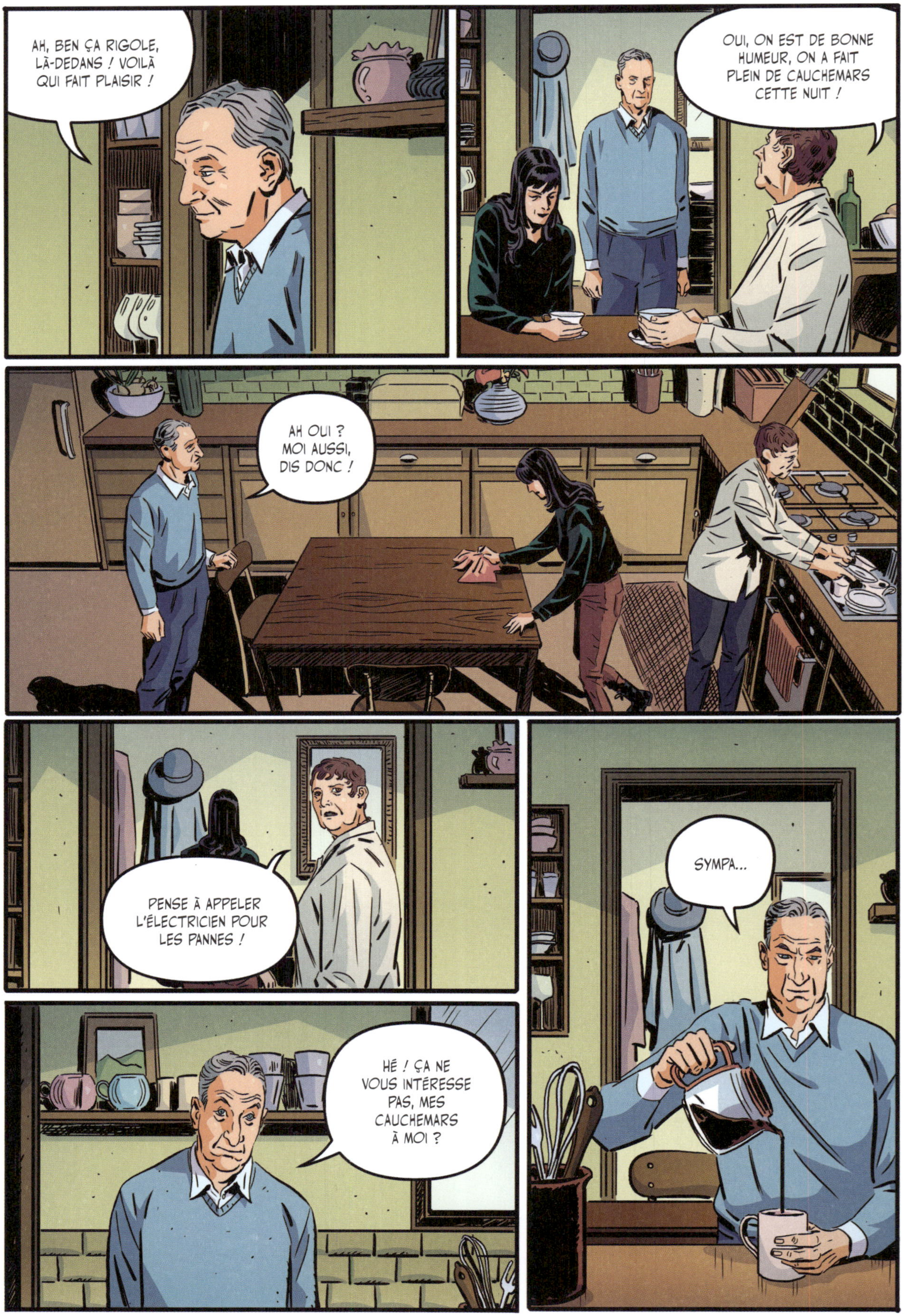
AH, BEN ÇA RIGOLE, LÀ-DEDANS ! VOILÀ QUI FAIT PLAISIR !
OUI, ON EST DE BONNE HUMEUR, ON A FAIT PLEIN DE CAUCHEMARS CETTE NUIT !
AH OUI ? MOI AUSSI, DIS DONC !
PENSE À APPELER L'ÉLECTRICIEN POUR LES PANNES !
SYMPA...
HÉ ! ÇA NE VOUS INTÉRESSE PAS, MES CAUCHEMARS À MOI ?

OÙ EN ÉTIONS-NOUS ?
JE PENSAIS À NORMA... NOTRE TRUC, C'ÉTAIT VRAIMENT L'AVENTURE. SE BARRER, QUE LA POLICE NOUS CHERCHE, TOUT ÇA...
COMME LA FOIS OÙ ON A PRIS LE BUS TOUTES SEULES POUR ALLER EN VILLE.
MAIS VOS PARENTS N'ÉTAIENT PAS AU COURANT ?
HAHA, SÛREMENT PAS ! ON FAISAIT DES GENRES DE FUGUES ! ET À CHAQUE FOIS, ON FAISAIT COMME SI ON ÉTAIT DES CRIMINELLES ET QU'ON S'ENFUYAIT EN ÉCOSSE. C'ÉTAIT NOTRE RÊVE, ÇA !
ON VA DORMIR CHEZ UN MONSIEUR QUE JE CONNAIS, J'Y SUIS DÉJÀ ALLÉE.
JE NE SAIS PAS TROP CE QU'ON CHERCHAIT... PEUT-ÊTRE LES ENNUIS... ON FANTASMAIT VRAIMENT D'ÊTRE ARRÊTÉES PAR LA POLICE... ET PUIS, ON FAISAIT TOUT POUR ÊTRE LOIN DE CHEZ NOUS, AUSSI, LE PLUS SOUVENT POSSIBLE...
ON DÉLIRAIT PAS MAL... ON SE RACONTAIT QU'ON ÉTAIT EN CAVALE, VOUS VOYEZ ? ET PUIS, IL Y AVAIT UN TRUC FORT QU'ON SE RÉPÉTAIT SOUVENT. ON DISAIT QUE NOS CHEVAUX VIENDRAIENT NOUS RÉCUPÉRER.
VOS CHEVAUX ? COMMENT ÇA ?
BAH, COMME LES COW-BOYS DANS LES FILMS, QUOI. LES CHEVAUX SONT SUPER IMPORTANTS.

OH, BIEN SÛR, DANS LA RÉALITÉ, IL N'Y AVAIT PAS DE CHEVAUX. CE JOUR-LÀ, PAR EXEMPLE, ON EST JUSTE ALLÉES CHEZ CE TYPE ET, D'AUTRES FOIS, ON ALLAIT AILLEURS, ON TRAÎNAIT...
OUI, JE ME SOUVIENS DE CETTE HISTOIRE, MAINTENANT... LA POLICE VOUS AVAIT RETROUVÉES LE LENDEMAIN MATIN DANS UNE RUELLE ET VOUS AVAIT RAMENÉES CHEZ VOUS... QUE S'ÉTAIT-IL PASSÉ CHEZ CET HOMME ?
RIEN D'IMPORTANT. ON S'EN FOUTAIT.
ET PUIS, IL L'AVAIT FAIT QU'AVEC NORMA. D'AILLEURS, C'ÉTAIT PAS LA PREMIÈRE FOIS.
ÇA VOUS CHOQUE ? FAUT PAS, VOUS SAVEZ. J'EN AVAIS RIEN À FAIRE, DE TOUT ÇA...
REPRENONS.

JE PENSE SOUVENT QUE LA MORT DE BRIAN AURAIT PU ÊTRE ÉVITÉE SI ON AVAIT PRIS AU SÉRIEUX LES ÉVÉNEMENTS QUI ONT EU LIEU APRÈS LA MORT DE MARTIN.
JE NE SAIS PAS, PEUT-ÊTRE...
VOUS SOUVENEZ-VOUS PAR EXEMPLE DE CETTE FOIS OÙ VOUS AVEZ SACCAGÉ UNE ÉCOLE MATERNELLE AVEC NORMA ?
VAGUEMENT... JE ME SOUVIENS SURTOUT COMMENT ILS ONT RACONTÉ ÇA AU PROCÈS...
RECONNAISSEZ-VOUS CES MESSAGES QUE VOUS AVEZ ÉCRITS ET LAISSÉS DANS L'ÉCOLE APRÈS AVOIR TOUT MIS EN DÉSORDRE ?
OUI, C'EST MAY QUI VOULAIT QU'ON ÉCRIVE ÇA...
ICI, ELLES ONT ÉCRIT : « JE TUE POUR POUVOIR REVENIR. »
OU ENCORE, LÀ : « VA TE FAIRE FOUTRE, NOUS TUONS, PRENEZ GARDE », SIGNÉ « CHATTE ET PÉDÉ ».
fuch of
we murder
watch out
Fanny and FAggot
ET ENFIN « VOUS ÊTES BÊTA PARCE QUE NOUS AVONS TUÉ MARTAIN VA-T'EN BROWN VOUS FAITES BIEN DE FAIRE ATTENTION IL Y A DES MEURTRIERS PAR ICI. PAR CHATTE ET LE VIEUX PÉDÉ. »

LE VIEUX PÉDÉ, C'ÉTAIT MOI, HIN HIN HIN !
BRRRR, POURQUOI PRENDRE CETTE VOIX ? VOUS M'AVEZ FAIT PEUR !
VOUS VOUS SOUVENEZ D'ALICE AU PAYS DES MERVEILLES ?
DANS MON CERVEAU, C'EST COMME ÇA QUE JE ME SOUVIENS DES CHOSES. COMME DANS ALICE, COMME DANS UN ÉTRANGE ET TRÈS LONG RÊVE...
IL Y A EU PLEIN D'ÉVÉNEMENTS AVANT ET ENTRE LES DEUX MEURTRES QUI AURAIENT DÛ ALERTER LES PARENTS, LES SERVICES SOCIAUX OU LA POLICE...
J'EN AI RÉPERTORIÉ TREIZE ENTRE LE 11 MAI ET LE 31 JUILLET...

DES BAGARRES ENTRE VOUS, DES ACCIDENTS AVEC D'AUTRES ENFANTS, DES AGRESSIONS COMMISES SUR DES PETITS...
... LE SACCAGE DE L'ÉCOLE MATERNELLE, MAIS AUSSI VOS DEUX FUGUES...
D'ICI ON VERRA MIEUX...
LA MERDE, MÊME DE LOIN, ÇA RESTE DE LA MERDE...
IL FAUT LA VOIR, SINON ON OUBLIE DE LA NETTOYER...

QU'EST-CE QUE C'EST QUE CETTE ÉTENDUE D'EAU ? ON DIRAIT DE L'OR...
NON, JE CROIS PLUTÔT QUE C'EST DE LA PISSE !
JE PENSAIS À ÇA TOUT LE TEMPS... LA PISSE, LA PISSE, FAUT PAS PISSER, FAUT PAS SE MOUILLER...
RACONTEZ-MOI...
J'AI FAIT PIPI AU LIT JUSQUE TRÈS TARD... MÊME ADULTE, EN FAIT... JE PORTAIS ÇA COMME UNE HONTE, JE VIVAIS ÇA COMME UN CALVAIRE... J'ARRIVAIS PAS À CONTRÔLER...
DÉJÀ QUE MON LIT ÉTAIT MITEUX... MA MÈRE NE ME METTAIT PAS DE COUVERTURE NI DE DRAPS, JE DORMAIS AVEC DES BOUTS DE TISSU ET UN VIEUX MANTEAU S'IL FAISAIT FROID. ALORS LA PISSE EN PLUS...

QUAND J'ÉTAIS PETITE, JE N'AVAIS PAS SEULEMENT HONTE, J'AVAIS AUSSI TERRIBLEMENT PEUR...
SI T'AS ENCORE PISSÉ AU LIT, ÇA VA BARDER !
ELLE ME LE FAISAIT PAYER : ELLE M'ATTRAPAIT ET M'ENFONÇAIT LA TÊTE DANS LE MATELAS, LÀ OÙ J'AVAIS FAIT PIPI.
J'ÉTAIS COMPLÈTEMENT OBSÉDÉE PAR ÇA... ET PUIS, JE NE LE FAISAIS PAS QU'UNE FOIS DE TEMPS EN TEMPS. C'ÉTAIT QUASIMENT TOUTES LES NUITS !
JUSQU'À CE QUE CELA N'ARRIVE PLUS. DU JOUR AU LENDEMAIN, C'ÉTAIT TERMINÉ. C'ÉTAIT APRÈS LA PRISON. J'AVAIS VINGT-TROIS ANS...

ALLONS AU LAC, ALLONS AU LAC, GITTA ! ÇA ME RAPPELLE UN SI BEAU SOUVENIR !
J'AIMERAIS D'ABORD REVENIR À L'ENQUÊTE UN INSTANT... LE LIEUTENANT DOBSON M'A AUSSI PARLÉ DE VOTRE ATTITUDE LORS DE L'ENTERREMENT DU PETIT BRIAN HOWE... ET DE CE QU'IL PENSAIT DE VOUS À CE MOMENT PRÉCIS...
ENTERREMENT DE BRIAN HOWE, LE 7 AOÛT 1968.
HIHIHI
MAIS JE RÊVE ? ELLE SE MARRE ?! IL FAUT VRAIMENT TROUVER UN MOYEN D'ARRÊTER CETTE ENFANT, OU NOUS AURONS BIENTÔT D'AUTRES DRAMES DANS CE QUARTIER.
POURQUOI VOUS ME RACONTEZ ÇA ? C'EST HORRIBLE...
VOYONS, DESCENDEZ ! NE FAITES PAS L'ENFANT !
C'EST PAS DE MA FAUTE ! JE RIGOLE TOUJOURS QUAND IL Y A DES CATASTROPHES ! C'EST NERVEUX, J'Y PEUX RIEN. J'ÉTAIS PAS MÉCHANTE OU TORDUE COMME IL A L'AIR DE LE PENSER...
MON AMOUR

QUI EST CETTE ENFANT ?
C'EST MA FILLE.
ELLE NE SAIT MÊME PAS MON VRAI NOM ! POUR ELLE, MARY BELL N'EXISTE PAS. ELLE NE SAIT RIEN ET NE SAURA JAMAIS RIEN DU MONSTRE !
VOULEZ-VOUS QUE NOUS PARLIONS D'ELLE DANS CE LIVRE ?
JE NE VOUS DIRAI PAS SON PRÉNOM.
JE NE VOUS LE DEMANDERAI PAS.

C'EST ELLE QUI M'A PERMIS DE GRANDIR. JE NE SUIS PLUS CETTE ENFANT.
TU NE PEUX PAS FAIRE COMME SI JE N'EXISTAIS PAS, C'EST PAS JUSTE.
TU N'ES QU'UN MONSTRE, JE NE VEUX PLUS TE VOIR.
ARRÊTE ! POURQUOI TU FAIS ÇA ? TU VAS TOMBER !
C'EST TOI QUI FAIS ÇA !

MA MÈRE M'A TOUJOURS DIT QUE JE NE DEVAIS PAS VOUS FAIRE CONFIANCE.
ET MOI, J'AI TOUJOURS SU QUE C'ÉTAIT TA MÈRE, LE MONSTRE.

IL FAUT QUE JE PRENNE MES ANTI-DOULEURS, MA MIGRAINE REVIENT.
VOUS EN PRENEZ TROP ET DEPUIS TROP LONGTEMPS, MARY...
ÇA DATE DE LA PRISON, JE SUIS DEVENUE UNE DROGUÉE...
VOUS VOULEZ QU'ON PARLE DE CETTE PÉRIODE ?
NON, JE PRÉFÈRE ALLER AU LAC !
C'EST L'ÉPOQUE DE RED BANK, APRÈS LE PROCÈS... CE MOMENT AU LAC EST UN DES PLUS BEAUX SOUVENIRS DE MA VIE...

QUI SONT CES GENS ?
MES ÉDUCATEURS DE RED BANK, CAROLE ET BEN. ILS ÉTAIENT TRÈS GENTILS AVEC MOI... ON S'EST ÉCRIT PENDANT DES ANNÉES APRÈS...
AUJOURD'HUI, C'EST TA JOURNÉE, MAY. ON SE DÉTEND, ON OUBLIE TOUT.
EN PLUS, ON A LE TEMPS, ON A LA PERMISSION JUSQU'À LA NUIT. ON PEUT MÊME MANGER AU RESTAURANT CE SOIR !
JE NE SUIS JAMAIS ALLÉE AU LAC NI ME BAIGNER OU QUOI. AVEC PERSONNE. LE RESTAURANT, C'EST PAREIL. JE CONNAIS PAS.
POURQUOI VOUS FAITES ÇA ?
C'EST NOTRE BOULOT, MAY... BON ET AUSSI, ON T'AIME BIEN, C'EST VRAI...
C'EST COMME ÇA À RED BANK, ON S'OCCUPE DES GOSSES.
T'ES PLUS TROP UNE GAMINE, MAINTENANT. MAIS QUAND T'ES ARRIVÉE, T'ÉTAIS VRAIMENT MINUSCULE... QUEL ÂGE T'AVAIS ? ONZE ANS ? TU T'EN SOUVIENS ?

OH OUI...
VOUS VOUS ENGAGEZ DONC À PRENDRE MARY BELL DANS VOTRE ÉTABLISSEMENT TEMPORAIREMENT ?
ABSOLUMENT. ET ENSUITE ?
ENSUITE, ELLE AURA L'ÂGE D'ALLER EN PRISON...
QUAND MONSIEUR DIXON ET SA FEMME SONT VENUS ME CHERCHER, JE NE COMPRENAIS RIEN. OÙ EST-CE QU'ON M'EMMENAIT ? JE SAVAIS JUSTE QUE JE N'AVAIS PAS LE CHOIX, QUE JE DEVAIS LES SUIVRE ET QUE C'ÉTAIT SÛREMENT MIEUX QU'ALLER EN PRISON...
BONJOUR, MADEMOISELLE. JE SUIS LE DIRECTEUR DE RED BANK. NOUS SOMMES HEUREUX DE VOUS ACCUEILLIR CHEZ NOUS.
C'ÉTAIT LE 4 FÉVRIER 1969. VOUS AVEZ ÉTÉ CONDAMNÉE À PERPÉTUITÉ MAIS VOUS ÉTIEZ TROP JEUNE POUR ALLER EN PRISON. VOUS AVIEZ TOUT JUSTE ONZE ANS.
C'EST PAS LA PRISON, CHEZ, NOUS MAIS IL Y A DES RÈGLES ET UN CADRE À RESPECTER. JE COMPTE SUR VOUS POUR ÊTRE BIEN SAGE...
DÈS CE PREMIER VOYAGE POUR ALLER À RED BANK, MA VIE ÉTAIT DEVENUE DIFFÉRENTE. JE SORTAIS DE MON QUARTIER POUR LA PREMIÈRE FOIS. C'ÉTAIT COMME SI JE CHANGEAIS DE MONDE.
ON ALLAIT M'ENFERMER ET, MOI, JE ME SENTAIS PLUS LIBRE...
C'EST BIZARRE DE DIRE ÇA, NON ? EN FAIT, JE CROIS JUSTE QUE JE ME SENTAIS UN PEU PLUS COMME LES AUTRES. J'ÉTAIS « DEHORS »...

ET VOILÀ, ON ARRIVE !
OH, JE NE SAIS PAS TROP COMMENT ÇA VA SE PASSER AVEC TOUS CES GARS. RAMENER UNE FILLE DANS CETTE TANIÈRE DE PETITS MÂLES SURCHAUFFÉS, C'EST PEUT-ÊTRE UN PEU RISQUÉ, HÉHÉHÉ !
NON MAIS QU'EST-CE QUE TU RACONTES, JAMES ? TU VAS FAIRE PEUR À LA P'TITE, IDIOT !
MESSIEURS, JE VOUS PRÉSENTE MARY BELL, NOTRE NOUVELLE PENSIONNAIRE. SOYEZ GENTLEMEN ET RESPECTUEUX. JE VOUS AURAI À L'ŒIL...
RED BANK ÉTAIT UN « ÉTABLISSEMENT D'ÉDUCATION SURVEILLÉE ». C'EST DRÔLE QUE VOUS VOUS EN RAPPELIEZ COMME D'UN PETIT CHÂTEAU... LES BÂTIMENTS ÉTAIENT BEAUCOUP PLUS... « STANDARDS », IL ME SEMBLE...

J'Y AI VÉCU CINQ ANS.

J'ÉTAIS UNE PETITE SAUVAGE QUAND JE SUIS ARRIVÉE LÀ... ET LES RÈGLEMENTS, C'ÉTAIT VRAIMENT PAS MON TRUC... MAIS PLUS TARD, J'AI AIMÉ ÇA... VRAIMENT.

OH, BIEN SÛR, MONSIEUR DIXON NE RIGOLAIT PAS. C'ÉTAIT DUR. MAIS IL ÉTAIT JUSTE. JE L'AIMERAI TOUJOURS.

VOTRE CHAMBRE ÉTAIT VRAIMENT SI BELLE ?
NON... MAIS C'EST AINSI QUE JE PRÉFÈRE M'EN SOUVENIR...
7 H 00, RÉVEIL. 7 H 15, DOUCHE. 7 H 40, LIT. 8 H 00, PETIT DÉJEUNER. 8 H 40, INSPECTION DES CHAUSSURES. 8 H 50, INSPECTION DES ONGLES...
9 H 00, ÉCOLE JUSQU'À 12 H 45. 13 H 00, DÉJEUNER. 14 H 00, ÉCOLE JUSQU'À 16 H 00. 16 H 30, GOÛTER.
MADAME HEMMINGS... IL FAUT QUE JE VOUS DISE, LA NUIT, JE... J'AI UN PROBLÈME...
OH, JE VOIS ! UN LÉGER SOUCI D'INCONTINENCE NOCTURNE ? C'EST TRÈS COURANT ICI, BEAUCOUP DE GARÇONS SONT COMME VOUS.
NE VOUS INQUIÉTEZ PAS, LA PROCÉDURE EST TRÈS SIMPLE. VOTRE LIT EST ÉQUIPÉ D'UNE PROTECTION ET VOUS N'AUREZ QU'À UTILISER LA SONNETTE POUR QU'ON VIENNE CHANGER VOS DRAPS.
MÊME LA NUIT QUAND TOUT LE MONDE DORT ? ET JE NE SERAI PAS PUNIE ?
VOYONS, MADEMOISELLE. COMME JE VOUS L'AI DIT, NOUS AVONS L'HABITUDE. C'EST JUSTE UN SOUCI POUR VOUS QUI N'EST PAS UN PROBLÈME ICI.

BIEN, CHACUN D'ENTRE VOUS DOIT PRENDRE SOIN DES AUTRES MAIS ENCORE PLUS DE CETTE JEUNE FILLE.
J'AI TOUJOURS DIT QU'IL N'Y AVAIT PAS DE TRAITEMENT DE FAVEUR POUR QUI QUE CE SOIT ICI. MAIS NOUS SOMMES DES HOMMES CIVILISÉS ET NOUS VOILÀ EN PRÉSENCE D'UNE JEUNE FILLE DÉLICATE. JE COMPTE SUR VOUS.
VOILÀ COMMENT IL ÉTAIT. IL VOULAIT TOUJOURS ME PROTÉGER, QU'ON PRENNE SOIN DE MOI...
ET PUIS, JE CROIS QU'IL M'A RÉÉDUQUÉE... AVEC LUI, J'AI APPRIS À BIEN ME TENIR, À BIEN PARLER... OH, IL ÉTAIT DUR AUSSI, MAIS FINALEMENT J'AIMAIS ÇA.
ON DIRAIT QUE VOUS PARLEZ D'UN PÈRE...
PAS DU TOUT... POUR MOI, UN PÈRE, C'EST RIEN. LUI, IL ÉTAIT TOUT.
REGARDEZ DROIT DEVANT VOUS, MAY. REGARDEZ LOIN DEVANT ET NE TREMBLEZ PAS, VOUS ALLEZ Y ARRIVER.

MARY... IL ME SEMBLE QUE VOUS IDÉALISEZ CETTE PÉRIODE À RED BANK, NON ? D'APRÈS CERTAINS TÉMOIGNAGES, VOUS AVEZ EU QUELQUES PROBLÈMES LÀ-BAS AUSSI...
MERDE, DÉGAGE DE LÀ, CAROLE !
COMMENT TU LUI PARLES, TOI ? JE VAIS T'ÉCLATER TOUTES TES DENTS SI TU RECOMMENCES !
FAIS PAS CHIER, MAY...

MAY ! ARRÊTE ! ARRÊTE ÇA !
ÇA VA ALLER, MAY, ÇA VA ALLER...
OUI, OH... C'EST VRAI QU'IL Y AVAIT SOUVENT DES BAGARRES... J'ÉTAIS UN PEU... TROP ÉNERVÉE... PARFOIS MÊME TELLEMENT FURIEUSE...
ET VOUS EN PENSEZ QUOI, DE TOUTE CETTE VIOLENCE QUE VOUS EXPRIMIEZ ?
JE SAIS PAS TROP...
JE NE SUIS PAS LA SEULE COMME ÇA... Y A D'AUTRES GOSSES QUI ONT CE GENRE DE PROBLÈMES...

QUI SONT-ILS ? DE QUI PARLEZ-VOUS ? DES ENFANTS DE VOTRE QUARTIER ?
JE PARLE DE TOUS CEUX QUI SE SONT PRIS TROP DE BAFFES... COMME LUI, PAR EXEMPLE... C'EST MON P'TIT FRÈRE, LE FILS DE BETTY.
PAUVRE GOSSE... MAIS LES BAFFES, C'EST PAS LE PIRE. LE PIRE, C'ÉTAIT POUR MOI. C'ÉTAIT DIFFÉRENT.
EN QUOI C'ÉTAIT DIFFÉRENT ?
J'AI EU DEUX SŒURS AUSSI, PLUS TARD... MAIS BETTY N'Y TOUCHAIT PAS.
VOUS NE RÉPONDEZ PAS, MARY.
QUE VOULEZ-VOUS QUE JE VOUS DISE ? ELLE ME DÉTESTAIT PLUS QUE LES AUTRES, C'EST TOUT !

D'AILLEURS, ELLE A PLUSIEURS FOIS ESSAYÉ DE SE DÉBARRASSER DE MOI. J'AI FAILLI ÊTRE ADOPTÉE PAR DE GENTILS INCONNUS QUAND J'AVAIS DEUX ANS.
PRENEZ-LA, JE VOUS LA DONNE !
NOUS SOMMES TELLEMENT HEUREUX, MERCI POUR CE DON DU CIEL...
VOICI TA NOUVELLE MAISON, MAY...
82
MAIS BORDEL, BETTY, C'EST PAS VRAI QUE TU AS DONNÉ TA GOSSE ?
MALHEUREUSEMENT POUR MOI, MA TANTE, LA SŒUR DE BETTY, NE L'A PAS LAISSÉE FAIRE...
MA PAUVRE PETITE... ELLE EST COMPLÈTEMENT FOLLE, TA MÈRE, DE TE REFILER À CES GENS...
ELLE M'A RÉCUPÉRÉE ET M'A RAMENÉE À LA MAISON. LÀ OÙ ON NE VOULAIT PAS DE MOI, POURTANT...

QUE SERAIS-JE DEVENUE SI MA TANTE N'ÉTAIT PAS INTERVENUE ? QUELLE ENFANCE AURAIS-JE EU LOIN DE MA MÈRE ? EST-CE QU'ON M'AURAIT AIMÉE ? EST-CE QUE JE SERAIS ALLÉE EN PRISON ?
SI JE SUIS OBLIGÉE DE TE GARDER, AUTANT QUE TU ME SERVES À QUELQUE CHOSE...
LUI SERVIR À QUOI ?
REVENONS À DIXON, S'IL VOUS PLAÎT...
IL M'A APPRIS QUE JE POUVAIS NE PLUS AVOIR PEUR, AVANCER SANS TREMBLER...
IL AVAIT CONFIANCE EN MOI, IL CROYAIT EN MOI...
VOUS VOYEZ COMME JE NAGE ALORS QUE JE N'AI PAS PIED ?
GRÂCE À LUI, JE NE CRAINS PLUS RIEN !

REVENEZ, JE PRÉFÈRE ! DE MAUVAIS SOUVENIRS POURRAIENT RESSURGIR ENCORE !
VOUS CROYEZ ?
VOUS IDÉALISEZ ENCORE CETTE PÉRIODE À RED BANK, FAITES ATTENTION...
DE TOUTE FAÇON, CELA N'A PAS DURÉ. COMMENT UNE FILLE COMME MOI AURAIT PU RESTER EN PAIX ET EN SÉCURITÉ PLUS LONGTEMPS, HEIN ?

MAY, TU AS 16 ANS, MAINTENANT... LE MINISTÈRE DE L'INTÉRIEUR A DÉCIDÉ QUE TU DEVAIS ALLER EN PRISON...
QUOI ? NON ! POURQUOI ? QU'EST-CE QUE J'AI FAIT ?
JE SUIS DÉSOLÉ, MAY...
MONSIEUR DIXON ÉTAIT EFFONDRÉ ET AUSSI CHOQUÉ QUE MOI... ÇA NOUS TOMBAIT DESSUS... À VRAI DIRE, ON AVAIT OUBLIÉ QUE C'ÉTAIT PRÉVU.
ILS N'ONT RIEN VOULU ENTENDRE ! J'AI TOUT FAIT POUR QUE ÇA N'ARRIVE PAS ! TOUT ÇA POUR RIEN ! POUR RIEN, BORDEL DE MERDE !
PARDON POUR CES GROS MOTS. PARDON POUR TOUT... POUR TOUT ÇA... PARDON, MAY...
POLICE
MON DÉPART FUT DÉCHIRANT. TOUS LES GARÇONS ÉTAIENT TRISTES. JE VOYAIS BIEN LEURS LARMES. CELLES DE MES ÉDUCATEURS AUSSI...

C'ÉTAIT FINI, RED BANK. MA MAISON. MES AMIS...
COMMENT AVEZ-VOUS PU VOIR LEURS LARMES ET LEUR ÉMOTION LIÉE À VOTRE DÉPART ? JE LIS DANS LE COMPTE-RENDU DE L'ÉPOQUE QU'ON VOUS AVAIT EXTRAITE DU CENTRE SANS PRÉVENIR PERSONNE... VOTRE SOUVENIR EST FORCÉMENT ERRONÉ...
AH... PEUT-ÊTRE...
LAISSEZ-LA SE SOUVENIR AINSI DE NOUS ! ET MÊME DE MOI SUR CE PIÉDESTAL !
OH, JE N'AI JAMAIS CHERCHÉ À ÊTRE CONSIDÉRÉ COMME TEL, MAIS ÇA LUI FAIT DU BIEN, VOUS NE VOYEZ PAS ?
JE SAIS QUE VOUS N'AVEZ PAS VOULU M'ABANDONNER, MONSIEUR DIXON. JE VOUS AIMERAI TOUJOURS.

IL CROYAIT EN VOUS, N'EST-CE PAS ? IL NE VOUS RÉDUISAIT PAS À CE QUE VOUS AVIEZ FAIT.
OUI, GITTA. POUR MOI, CETTE PETITE N'ÉTAIT PAS JUSTE UNE CRIMINELLE. C'ÉTAIT UNE ENFANT PERDUE, AVANT TOUTE CHOSE ! JE NE MÉRITE PAS DE MÉDAILLE POUR AVOIR PENSÉ CETTE ÉVIDENCE !
RELÈVE-TOI, VOYONS, TU N'AS RIEN À FAIRE À TERRE !
VOUS L'ENTENDEZ ? VOILÀ POURQUOI JE NE GARDE QUE LES BONS SOUVENIRS ! PEU IMPORTE LES MAUVAIS !

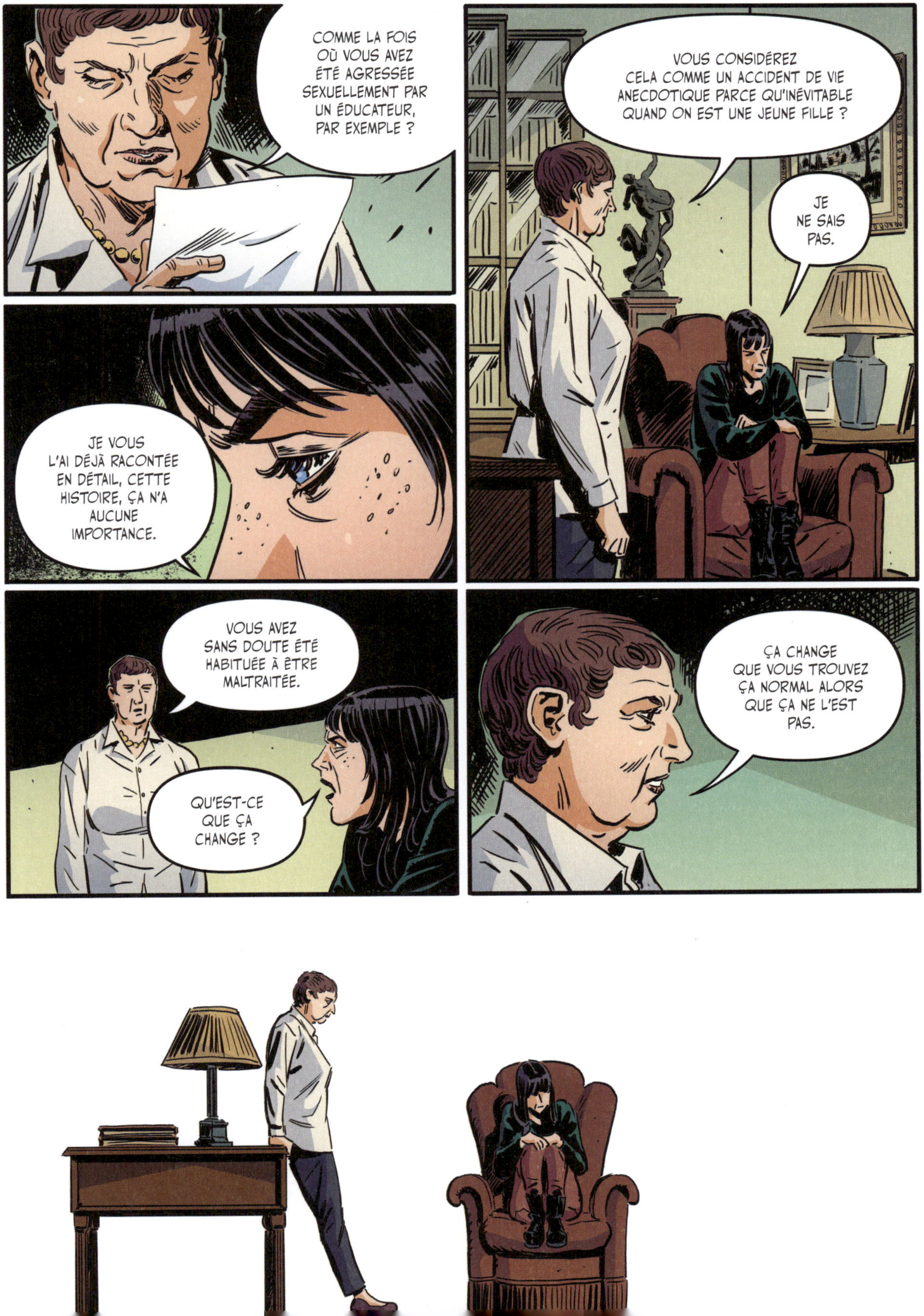
COMME LA FOIS OÙ VOUS AVEZ ÉTÉ AGRESSÉE SEXUELLEMENT PAR UN ÉDUCATEUR, PAR EXEMPLE ?
VOUS CONSIDÉREZ CELA COMME UN ACCIDENT DE VIE ANECDOTIQUE PARCE QU'INÉVITABLE QUAND ON EST UNE JEUNE FILLE ?
JE NE SAIS PAS.
JE VOUS L'AI DÉJÀ RACONTÉE EN DÉTAIL, CETTE HISTOIRE, ÇA N'A AUCUNE IMPORTANCE.
VOUS AVEZ SANS DOUTE ÉTÉ HABITUÉE À ÊTRE MALTRAITÉE.
QU'EST-CE QUE ÇA CHANGE ?
ÇA CHANGE QUE VOUS TROUVEZ ÇA NORMAL ALORS QUE ÇA NE L'EST PAS.

EN TOUT CAS, EN PRISON, C'ÉTAIT MOI, L'AGRESSEUR ! ON A BIEN RIGOLÉ !
PARDON ?
J'ÉTAIS UNE « BUTCH ».
VOUS SAVEZ CE QUE C'EST, UNE BUTCH ?
C'EST UNE FILLE QUI FAIT TOUT COMME UN MEC.
ON PEUT MÊME SE METTRE UNE BOULE DE CHAUSSETTES DANS LE FROC POUR REMPLACER LE PÉNIS, VOUS VOYEZ ?
VOUS VOYEZ PAS ?
HAHAHA, LA TÊTE QUE VOUS FAITES !

1973, PRISON DE STYAL, CHESHIRE, ANGLETERRE.
OH, BIEN SÛR, AU DÉBUT, J'ÉTAIS JUSTE UNE PETITE FILLE QUI AVAIT UN PEU LES CHOCOTTES.
COUCOU !
COUCOU !
COUCOU !
ELLE EST MINUSCULE, PAS VRAI ?
ELLE A L'AIR D'AVOIR 12 ANS.
IL N'Y AVAIT QUE DES FILLES, MAIS ELLES ME FAISAIENT PEUR. PIRE QUE LES MECS DE RED BANK.

EN PLUS, TOUT LE MONDE SAVAIT QUI J'ÉTAIS... ET CE QUE J'AVAIS FAIT... JE PENSAIS QU'ELLES AURAIENT ENVIE DE ME TABASSER POUR ÇA...
LES GENS QUI TUENT DES ENFANTS, FAUT LES BUTER, C'EST TOUT !
JE PEUX VOUS DIRE QUE J'EN MENAIS PAS LARGE... J'ESSAYAIS DE ME FAIRE OUBLIER LE PLUS POSSIBLE. MAIS J'ÉTAIS NOUVELLE ET SI JEUNE... FORCÉMENT, TOUT LE MONDE M'OBSERVAIT !
OUAIS, ON SAIT QUE T'AS BUTÉ DES MÔMES, TOI AUSSI. MAIS T'ÉTAIS QU'UNE GOSSE COMME EUX, ÇA COMPTE PAS !
ICI, LES GENS NE PENSAIENT PAS COMME DANS LA RUE, DANS LES JOURNAUX. ICI, LES FILLES FAISAIENT LA DIFFÉRENCE ENTRE UN VRAI MONSTRE ET... MOI.
SI T'AS DES EMMERDES, TU NOUS DIS. ON VA PAS LAISSER LE BÉBÉ TOUTE SEULE. ON EST PIRE QUE DES MAMANS, TU VAS VOIR.
T'AS L'AIR TROP BIEN ÉLEVÉE, VA FALLOIR TE DÉGOURDIR UN PEU...
ICI, C'EST CHEZ TOI, MAINTENANT...

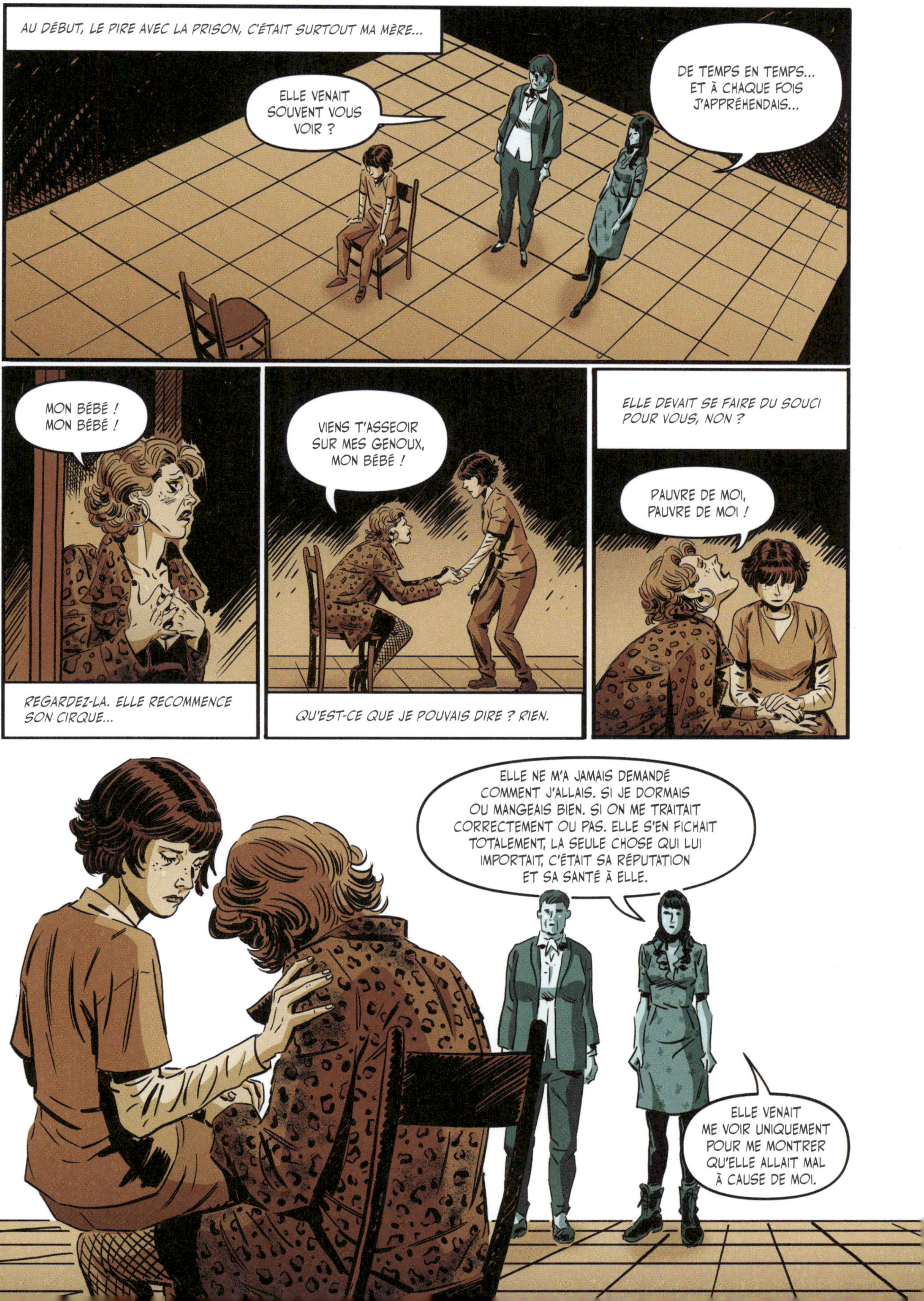
AU DÉBUT, LE PIRE AVEC LA PRISON, C'ÉTAIT SURTOUT MA MÈRE...
ELLE VENAIT SOUVENT VOUS VOIR ?
DE TEMPS EN TEMPS... ET À CHAQUE FOIS J'APPRÉHENDAIS...
MON BÉBÉ ! MON BÉBÉ !
REGARDEZ-LA. ELLE RECOMMENCE SON CIRQUE...
VIENS T'ASSEOIR SUR MES GENOUX, MON BÉBÉ !
QU'EST-CE QUE JE POUVAIS DIRE ? RIEN.
ELLE DEVAIT SE FAIRE DU SOUCI POUR VOUS, NON ?
PAUVRE DE MOI, PAUVRE DE MOI !
ELLE NE M'A JAMAIS DEMANDÉ COMMENT J'ALLAIS. SI JE DORMAIS OU MANGEAIS BIEN. SI ON ME TRAITAIT CORRECTEMENT OU PAS. ELLE S'EN FICHAIT TOTALEMENT, LA SEULE CHOSE QUI LUI IMPORTAIT, C'ÉTAIT SA RÉPUTATION ET SA SANTÉ À ELLE.
ELLE VENAIT ME VOIR UNIQUEMENT POUR ME MONTRER QU'ELLE ALLAIT MAL À CAUSE DE MOI.

C'EST PAS RED BANK, ICI, MADEMOISELLE.
JE SAIS.
« JE SAIS, MADAME ! » JE NE SUIS PAS COMME VOTRE DIXON, MOI !
ICI, C'EST LA PRISON ET JE SUIS MADAME LA DIRECTRICE POUR VOUS. C'EST COMPRIS ?
OUI, MADAME. SAVEZ-VOUS QUAND JE SERAI LIBÉRÉE ?
HAHA ! TU VIENS D'ARRIVER, VOYONS !
DANS QUELQUES ANNÉES. ÇA TE VA COMME RÉPONSE ?
MAIS... COMBIEN D'ANNÉES, S'IL VOUS PLAÎT ?
UN JOUR ! ET PERSONNE NE SAIT ENCORE LEQUEL ! ALLEZ, RETOUR EN CELLULE !

C'EST FINI, LES VACANCES À RED BANK, MADEMOISELLE. ET CROYEZ-MOI, JE FERAI TOUT POUR QUE VOUS NE L'OUBLIIEZ PAS !
J'AI PASSÉ DEUX ANS À ME REBELLER ET À ÊTRE PUNIE SANS ARRÊT. ON ME METTAIT À L'ISOLEMENT MAIS AUSSI ON ME DROGUAIT POUR QUE JE M'ÉCRASE.
ALLEZ HOP, À L'ISOLEMENT ! ON VA T'APPRENDRE À QUOI ÇA MÈNE DE FOUTRE LE BORDEL !
NE ME METTEZ PAS CETTE MERDE ! PITIÉ, NON !
MAIS VOUS N'ÉTIEZ ENCORE QU'UNE ENFANT !
OUI... J'ÉTAIS TRÈS JEUNE, C'EST VRAI... MAIS JE NE ME LAISSAIS PAS FAIRE...

REVENONS À CETTE HISTOIRE DE « BUTCH ». POURQUOI VOUS CONDUISIEZ-VOUS COMME UN HOMME ?
OH J'AVAIS GRANDI ET J'AI APPRIS EN PRISON À TIRER LE MEILLEUR PARTI DE CHAQUE SITUATION.
PROGRESSIVEMENT, J'AI COMPRIS QU'ÊTRE COMME UN MEC, C'ÉTAIT FAIRE LA LOI ET TOUT POSSÉDER, DOMINER.
QUAND ON EST UN MEC, LES BONNICHES, CE SONT LES AUTRES, VOUS VOYEZ ?
MAIS EUH... VOUS AVIEZ DES RELATIONS INTIMES AVEC DES FEMMES ?
ÉVIDEMMENT ! SEXUELLEMENT, JE PRENAIS TOUT CE QUE JE VOULAIS. ET Y EN AVAIT DES BELLES !

OH, J'AI EU BEAUCOUP DE CONQUÊTES, BEAUCOUP D'AMITIÉS AMOUREUSES. JE CROIS QUE C'ÉTAIT AUSSI UNE MANIÈRE DE SE SENTIR VIVANTE ET MOINS SEULE.
J'ÉTAIS UN VRAI CAÏD. ET ELLES TOMBAIENT TOUTES DANS MES BRAS.
QUAND JE VOUS VOIS MAINTENANT, J'AI DU MAL À IMAGINER UN TEL PERSONNAGE...
MAIS MOI AUSSI, GITTA...
IL FALLAIT BIEN SURVIVRE... MENTALEMENT, JE VEUX DIRE... ALORS ON SE DONNAIT DE L'AMOUR, DE LA TENDRESSE...
VOUS POUVEZ PAS COMPRENDRE. C'EST UN AUTRE MONDE, LÀ-BAS.

JE PARVENAIS AINSI À SUPPORTER L'ENFERMEMENT ET LE RESTE. BIZAREMENT, LE PLUS DOULOUREUX VENAIT PLUTÔT DE L'EXTÉRIEUR DE LA PRISON... LES VISITES DE MA MÈRE...
ALORS, COMMENT ÇA VA, DEHORS ?
AH, MAIS NE ME REGARDE PAS AVEC TES YEUX DE LESBIENNE, LÀ ! TU ES DEVENUE ENCORE PLUS DÉGOÛTANTE QU'AVANT !
UNE SEULE FOIS, J'AI EU LE COURAGE DE LUI PARLER VRAIMENT, D'IGNORER SES INSULTES OU SES BANALITÉS.
TU DOIS ME DIRE LA VÉRITÉ, MAINTENANT.
POURQUOI SUIS-JE LA SEULE DE TES ENFANTS QUE TU DÉTESTES À CE POINT ? C'EST À CAUSE DE MON VRAI PÈRE ? C'EST QUI ?
UN DÉMON. VOILÀ, D'OÙ TU VIENS.

PLUS TARD, J'AI COMPRIS QU'ELLE NE VENAIT ME VOIR QUE POUR NOURRIR LES TABLOÏDS DE NOUVELLES FRAÎCHES SUR MOI ET SE FAIRE PAYER POUR ÇA...
OUI, JE ME SOUVIENS DE CES JOURNAUX À L'ÉPOQUE... UN VRAI FEUILLETON SUR VOUS... JE COMPRENDS MIEUX POURQUOI...
ON FAIT UNE PAUSE ? J'AI ENVIE D'UN THÉ.
JE SUPPORTAIS TOUT. SAUF QU'UN JOUR, LE PLUS GRAND DES MALHEURS EST ARRIVÉ.
T'ES CONVOQUÉE CHEZ LA DIRECTRICE.
INUTILE DE CONTINUER D'ÉCRIRE À MONSIEUR DIXON. IL EST DÉCÉDÉ IL Y A PEU.

J'AI CRU MOURIR SUR PLACE QUAND ELLE ME L'A ANNONCÉ.
IL M'A FALLU DES ANNÉES POUR M'EN REMETTRE...
ET VOUS SAVEZ QUOI ? C'EST EN ACCOUCHANT QUE J'AI VRAIMENT PU FAIRE LE DEUIL. GRÂCE À LA NAISSANCE DE MA FILLE !
PLATFORM
VOUS REVENEZ DANS QUINZE JOURS ?
ON VERRA. POUR LE MOMENT, J'AI BESOIN DE MA VIE. CELLE DE MAINTENANT.

LEVEL
PLAY
... MA FILLE, C'EST PAS RIEN, VOUS SAVEZ... QUAND ELLE EST SORTIE DE MOI, J'AI EU UNE RÉACTION UN PEU BIZARRE, UN PEU EXCESSIVE... JE NE VOULAIS PAS QUE LES AUTRES LA TOUCHENT OU ME LA PRENNENT...
SI J'AVAIS EU UN GARÇON, JE PENSE QUE ÇA AURAIT ÉTÉ TRÈS DIFFÉRENT. JE LA REGARDAIS, JE LA TOUCHAIS, JE LA SERRAIS CONTRE MOI.
VOUS AVEZ DES ENFANTS, VOUS ? AH OUI, VOUS ME L'AVEZ DÉJÀ DIT. C'EST FOU, CE QU'ON RESSENT, NON ? SURTOUT LÀ, À CE MOMENT, QUAND ILS SONT SI PETITS ET FRAGILES... ET INNOCENTS, VOUS VOYEZ ?
ELLE ÉTAIT LÀ, ENFIN. ET C'EST TOUT CE QUI COMPTAIT POUR MOI.
RECORD
STOP
REWIND
FORWARD

C'EST POUR « VOGUE » ?
NON, ON M'A DEMANDÉ DE NOUVEAUX TIRAGES DE MA PHOTO STAR...
J'AIME TELLEMENT VOIR APPARAÎTRE CES VISAGES QUI SEMBLENT SURGIR DE L'OBSCURITÉ...
C'EST UN PEU CE QUE TU FAIS AUSSI AVEC TES BOUQUINS...
UN PEU, OUI...
JE NE SUIS PAS PEU FIER DE CETTE PHOTO, QUAND MÊME...
TU PEUX EN ÊTRE FIER, DON HONEYMAN ! ELLE A FAIT LE TOUR DU MONDE !

EN PARLANT DE TOUR DU MONDE, TU CROIS QUE TON LIVRE FERA PARLER DE LUI ?
LA SEULE CHOSE QUI SEMBLE INTÉRESSER LES GENS, POUR LE MOMENT, C'EST QUE J'AI PRÉVU DE VERSER LA MOITIÉ DES DROITS D'AUTEUR À MARY...
CES CHIENS DE PAPARAZZI VONT ENCORE LA SUIVRE PARTOUT...
S'ILS LA RETROUVENT ENCORE, OUI, SÛREMENT...
ELLE TIENT LE COUP ? VOUS AVEZ BIENTÔT TERMINÉ ?
C'EST LONG ET DIFFICILE... MAIS ON APPROCHE DE CE QU'ELLE N'A JAMAIS DIT, JE LE SENS...
TU SAIS CE QUE C'EST ?
PAS PRÉCISÉMENT, NON... MAIS JE VAIS BIENTÔT LE SAVOIR...
TU VEUX QUE JE TE PRÊTE UN PEU DE RÉVÉLATEUR ?
MMH, C'EST TRÈS DRÔLE, DON...
DRIIIING !
QUAND ON PARLE DU LOUP...

BONJOUR, MARY. JE SUIS CONTENTE DE VOUS REVOIR !
MOI, JE NE SUIS PAS SÛRE...
ET LE JOUR DU PROCÈS ? VOUS VOUS SOUVENEZ DE CE JUGE ET DE SA FAÇON DE S'ADRESSER À VOUS ?
LAISSEZ-MOI AU MOINS LE TEMPS DE RANGER MES AFFAIRES...
AH OUI, PARDON...
C'EST UN PEU COMME UNE PSYCHOTHÉRAPIE, CE QU'ON FAIT, NON ?
SAUF QUE JE NE SUIS PAS PSYCHIATRE, NI MÊME PSYCHOLOGUE... JE NE SUIS QUE JOURNALISTE...
LESQUELS SONT LES PIRES ?
JE NE CROIS PAS QUE CE SOIT UNE MAUVAISE CHOSE DE CHERCHER DES VÉRITÉS CACHÉES...

JE NE SAIS PAS SI JE PEUX ME SOUVENIR VRAIMENT... ENFIN, COMME VOUS AIMERIEZ QUE JE ME SOUVIENNE...
PARFOIS, J'AI L'IMPRESSION QUE JE VOUS RACONTE N'IMPORTE QUOI, QUE TOUT SE MÉLANGE...
MAIS VOUS M'AIDEZ À Y VOIR PLUS CLAIR. À REGARDER EN FACE...
LA RÉALITÉ... CE QUE J'AI FAIT. JE N'AI JAMAIS DIT QUE JE L'AVAIS FAIT.
MA FILLE A BIENTÔT LE MÊME ÂGE QUE MOI À L'ÉPOQUE. QUAND JE LA REGARDE, JE NE COMPRENDS PAS.
COMMENT MAY, SI PETITE, A PU... J'ARRIVE MÊME PAS À LE DIRE... MAIS JE DOIS LE DIRE. JE LES AI TUÉS. MAY ET MOI, C'EST PAREIL. CES PAUVRES BÉBÉS...

HA !! QU'EST-CE QUE C'EST ?
IL N'Y A PAS EU DE SANG !
NON, PAS ÇA...
AÏE ! HÉ !
ARRÊTEZ ! ARRÊTEZ !

ILS NE DOIVENT PAS RESTER DES FANTÔMES. IL FAUT VOUS LIBÉRER.

CETTE NUIT, J'AI FAIT UN RÊVE... AVEC VOUS ET MONSIEUR DIXON...
ATTENDEZ UN INSTANT...
C'EST PARCE QUE VOUS AVEZ PARLÉ DU PROCÈS... MON RÊVE SE PASSAIT AU PROCÈS... ET JE VOUS DISAIS ENSUITE...
RIEN, LAISSEZ TOMBER. C'ÉTAIT JUSTE UN RÊVE À LA CON.
D'AILLEURS, SI ÇA SE TROUVE, ON EST DANS UN RÊVE, LÀ, MAINTENANT. ET TOUTES CES CONNERIES N'ONT JAMAIS EXISTÉ.
ET MOI, DANS LA RÉALITÉ, JE N'AURAIS JAMAIS RIEN FAIT DE MAL.

VICIEUSE !
PSYCHOPATHE !
MONSTRE DE LA NATURE !
L'ENFANT N'A PAS BESOIN DE SE LEVER. JE VAIS PRÉSENTER LES ATTENDUS SANS M'ADRESSER PARTICULIÈREMENT À ELLE.
LA SENTENCE EST PRONONCÉE : CE SERA LA RÉCLUSION À PERPÉTUITÉ !
L'ENFANT MARY BELL PEUT ÊTRE EMMENÉE.
BOUUUUH BOUUUUH, PAUVRE DE MOI ! PAUVRE DE MOI !!

DITES-LUI QUE CE N'ÉTAIT PAS SA FAUTE, GITTA.
CE N'EST PAS À MOI DE LUI DIRE, DIXON...
QUI ? QUI DOIT ME LE DIRE ?
VOS SOUVENIRS. VOUS DEVEZ VOUS SOUVENIR DE TOUT.
DE TOUT ! DE TOUT ! DE TOUT !
JE NE SAIS PAS ! JE NE SAIS PAS ! TAISEZ-VOUS !

NE RESTEZ PAS SUR LE BANC DES ACCUSÉS, MAY.
TAIS-TOI, TU N'AS RIEN À RACONTER ! RIEN ! JÉSUS MARIE JOSEPH, PRIEZ POUR CETTE VAURIENNE, CETTE PAUVRE PÉCHERESSE !

SI JE PRENDS LE MICRO, VOUS ENTENDEZ MIEUX ?
CE DONT SE SOUVIENT MARY EST IGNOBLE, INSOUTENABLE.
PERSONNE NE VEUT ENTENDRE QUE DE TELLES HORREURS AIENT ÉTÉ COMMISES SUR UN ENFANT DE 3 OU 4 ANS CAR CELA DEMANDE D'AVOIR DU COURAGE, DE SORTIR DU DÉNI.
LORS DU PROCÈS, PERSONNE N'A PARLÉ DE L'ENFANCE DE MAY. VOUS RENDEZ-VOUS COMPTE ?
NOUS SOMMES EN 1996. ÊTES-VOUS MAINTENANT PRÊTS À L'ENTENDRE ?
RIEN NE POURRA EXCUSER CE MONSTRE !
ELLE A TUÉ DES ENFANTS, ELLE MÉRITE LA MORT !

EST-IL VRAI QUE VOUS ALLEZ LUI CÉDER LA MOITIÉ DES DROITS D'AUTEUR DE CE LIVRE QUE VOUS ÉCRIVEZ SUR ELLE ? DITES-NOUS LA VÉRITÉ !
C'EST LE DIABLE ! REGARDEZ SES YEUX ! REGARDEZ COMME ELLE RIT !
POURQUOI RIS-TU, MAY ?
PARCE QUE RIEN DE TOUT ÇA NE SEMBLE RÉEL, JE NE COMPRENDS RIEN À TOUT ÇA.

C'EST COMME DANS UN FILM. MAIS PAS UN FILM DE COW-BOYS. JE PRÉFÈRE M'ENFUIR AVEC DES CHEVAUX COMME LES BANDITS.
HIIIII HIIIII !
HIIII HIIII HIIII !
OH, MERCI... ILS SONT VENUS...

À 1 AN, MARY AVALE DES CACHETS DE SA GRAND-MÈRE CONTRE LA TENSION. DES CACHETS QUI ÉTAIENT RANGÉS DANS UN COFFRE QU'IL FALLAIT OUVRIR AVEC UNE AIGUILLE À TRICOTER. ELLE EST RETROUVÉE QUASI MORTE. LAVAGE D'ESTOMAC.
À 2 ANS, BETTY DONNE MAY À DES AMIS DE SA SŒUR CATH. CATH RÉCUPÈRE MAY ET LA REND À SA MÈRE.
À 3 ANS, CATH TROUVE MAY ET SON PETIT FRÈRE DE 18 MOIS EN TRAIN DE MANGER DES PILULES BLEUES RÉPANDUES SUR LE SOL. HÔPITAL POUR LES DEUX ENFANTS.
TROIS MOIS PLUS TARD, PHILIP, LE FRÈRE DE BETTY, SURPREND BETTY EN TRAIN DE BASCULER MAY PAR LA FENÊTRE ET LA RATTRAPE DE JUSTESSE.
SIX MOIS PLUS TARD ENCORE, BETTY RETROUVE MAY, BIENTÔT 4 ANS, QUI JOUE DANS LA COUR AVEC UNE COPINE. ELLE LUI DONNE UNE BOÎTE DE SMARTIES. MAIS LA BOÎTE NE CONTIENT QUE DES CACHETS. MAY EST À NOUVEAU HOSPITALISÉE.
À PARTIR DE CE MOMENT-LÀ, TOUTE LA FAMILLE S'INQUIÈTE.

HIIIIII HAHAHA !
HIIIIII HAHAHA !
HIIIIII HAHAHA !
MAIS PERSONNE NE FERA RIEN. NI LA FAMILLE, NI LA POLICE, NI LES SERVICES SOCIAUX.
PETITE, TU DOIS TOUT DIRE À GITTA POUR QU'ON PUISSE DÉTRUIRE TA PRISON, PAROLE DE CHEVAL.
JE SUIS LÀ, MARY. JE VOUS ÉCOUTE.
JE NE VEUX PAS VOIR, JE NE VEUX PAS D'IMAGES...
ALLEZ-Y, IL N'Y AURA PAS D'IMAGES. RESTEZ À DISTANCE. RACONTEZ MAY, LA PETITE MAY, SA VÉRITÉ.

ILS SONT LÀ. MAMAN AUSSI, ELLE EST LÀ.
JE NE RECONNAIS PAS CES GENS. DES HOMMES. JE NE SAIS PAS QUI.
J'AI ENCORE DES COUCHES, C'EST AVANT L'ÉCOLE, J'AI PEUT-ÊTRE 4 ANS, JE NE SAIS PAS TROP...

J'AVAIS OUBLIÉ, MAIS JE LES VOIS, MAINTENANT. JE VOIS LE TRUC BLANC QUI SORT DU PÉNIS MAIS, À L'ÉPOQUE, JE COMPRENDS RIEN. C'EST QUOI, CE TRUC BLANC ? JE NE DEMANDE PAS À MA MÈRE.
MAINTENANT JE SAIS, MAINTENANT JE PEUX RECONNAÎTRE.
ÇA PUE DANS LA CHAMBRE DE MA MÈRE. JE VOIS MES CHAUSSETTES, DES PETITES CHAUSSETTES DE GOSSE.
J'ÉTAIS MIGNONNE. JE LA VOIS, ELLE EST MINUSCULE, MAY. ELLE EST TOUTE PETITE DANS CE GRAND LIT.

MAY, SORS DE LÀ !

- JE SUIS LÀ, MARY, JE VOUS TIENS LA MAIN. CONTINUEZ...

JE NE PEUX PAS PARTIR. MAMAN, ELLE ME TIENT LA TÊTE ET LES BRAS. JE DOIS OUVRIR LA BOUCHE, MAINTENANT, TRÈS GRAND, J'ÉTOUFFE, ILS METTENT LEUR MACHIN. APRÈS Y A LE TRUC BLANC QUI SORT ET ÇA ME FAIT VOMIR, Y A DU VOMI QUI SORT DE MA BOUCHE EN MÊME TEMPS.
APRÈS, MAMAN, ELLE FAIT COMME SI ON JOUAIT, TOUT LE MONDE RIGOLE, ILS ME FONT TOURNER AVEC UN FOULARD SUR LES YEUX, ÇA DURE LONGTEMPS, J'AI ENCORE ENVIE DE VOMIR MAIS JE DIS RIEN, SINON ÇA VA MAL FINIR.

- ET APRÈS ÇA, ILS PARTAIENT, ILS VOUS LAISSAIENT TRANQUILLE ?

NON ! ILS FONT MAL, MAINTENANT ! ILS FONT MAL !

J'AI LE FOULARD SUR LA BOUCHE, JE DOIS ME TAIRE MAIS JE CRIE QUAND MÊME PARCE QUE J'AI MAL.

- QUE SE PASSE-T-IL, MARY ?

MAMAN, ELLE DIT QUE C'EST BIENTÔT FINI, MAIS C'EST PAS VRAI ! J'AI MAL À MES FESSES, ILS ONT RENTRÉ DES TRUCS DEDANS, DES TRUCS FROIDS, COMME DES SUPPOSITOIRES EN MÉTAL, JE NE SAIS PAS CE QUE C'EST. JE SAIS PAS POURQUOI ILS FONT ÇA, ILS JOUENT AVEC CES CHOSES QUAND ELLES SONT À L'INTÉRIEUR DE MOI ET J'AI MAL.

- QUE LEUR DITES-VOUS ?

JE DIS QUE J'AI MAL ! ILS VEULENT QUE JE PLEURE, C'EST ÇA ! MAIS JE NE PLEURE PAS, MOI, ILS ME FERONT PAS PLEURER COMME UN BÉBÉ.

- LAISSEZ-MOI ESSUYER VOTRE VISAGE, VOUS ÊTES EN LARMES, MARY...

VOILÀ, C'EST FINI, LES HOMMES SONT PARTIS. MAMAN, ELLE EST CONTENTE.
ON DIRAIT QU'ELLE M'AIME BIEN, À CE MOMENT, ELLE RIGOLE ET ELLE S'OCCUPE DE MOI.
J'AI L'IMPRESSION QUE J'AI ÉTÉ UNE BONNE FILLE POUR UNE FOIS, UNE GENTILLE FILLE À MAMAN.
APRÈS ÇA, ELLE ME GIFLE PAS COMME D'HABITUDE... PLUS DE COUPS DE PIED, PLUS DE COUP DE TORCHON, PAS DE MÉCHANCETÉS. C'EST MA RÉCOMPENSE. PARFOIS, ELLE JOUE AVEC MOI MAIS À UN MOMENT ELLE EN A MARRE ET TOUT RECOMMENCE.

- JUSQU'À QUEL ÂGE AVEZ-VOUS SUBI TOUT CELA ?

OH, PENDANT DES ANNÉES. PLUS TARD, ÇA NE SE PASSAIT PLUS À LA MAISON.
ELLE ORGANISAIT DES RENDEZ-VOUS CHEZ DES TYPES, SÛREMENT POUR DE L'ARGENT.
ILS ME TRIPOTAIENT, FAISAIENT LEURS TRUCS, MAIS ÇA M'ÉTAIT BIEN ÉGAL... ÇA ME FAISAIT PLUS RIEN.
APRÈS, J'AI PRIS MES HABITUDES, DE MOI-MÊME JE CHERCHAIS DES VIEUX MECS DANS LA RUE, JE LEUR PROPOSAIS DES TRUCS, JE GAGNAIS DES PIÈCES, JE LE FAISAIS MAIS JE M'EN FOUTAIS.

- ELLE EN DISAIT QUOI, VOTRE MÈRE ? ELLE LE SAVAIT ?

QUAND ELLE LE SAVAIT, ELLE PRENAIT MES PIÈCES.

DU THÉ, MY DEAR ?
OUI, MERCI, C'EST GENTIL...
ELLE DORT ?
OUI, C'ÉTAIT TRÈS DUR, AUJOURD'HUI... JE PENSE QUE JE VAIS ALLER ME COUCHER AUSSI UN PEU...
IL FAUT QUE ÇA SE TERMINE, GITTA...
TU SAIS QUE SA MÈRE ÉTAIT TRÈS CROYANTE ET AVAIT PLEIN D'OBJETS RELIGIEUX DANS SA CHAMBRE ? DES CRUCIFIX, DES CHAPELETS, UN ROSAIRE...
ÇA M'A TOUJOURS FAIT FLIPPER, CES GENS QUI PRIENT DIEU D'UNE MAIN ET CARESSENT LE DIABLE DE L'AUTRE...
ET CETTE LETTRE... MON DIEU, CETTE LETTRE...
QUELLE LETTRE ?

Maman

Avant nos deux cœurs étaient collés
Mais maintenant je t'aime toujours de ce grand amour.
Même si les barreaux de la prison nous séparent.
Je vois bien que tu es triste et moi aussi
Oh j'ai peur de ce que tu penses, j'ai
si honte d'être ta fille méchante.
Mais je voudrais que tu saches comme c'est faux.
Je t'en supplie crois moi maman, je ne suis pas
cette mauvaise fille.
Peut-être que tu pourrais leur dire. À la police et
à tous les juges. Tu pourrais crier et les supplier
pour leur dire que la COUPABLE c'est toi et
que ce n'est pas moi.
J'écris en pensant à papa et à mon frère.
Dis leur à eux aussi s'il te plaît que tu es
coupable et pas moi. C'est toi la criminelle.
Je t'en supplie maman, pour me libérer
dis leur à tous. Ta fille May

CETTE LETTRE N'EST PAS DE MOI. VOUS LE SAVEZ, N'EST-CE PAS ?
JE L'AI COMPRIS PLUS TARD, OUI. VOTRE MÈRE L'A ÉCRITE...
ET IL Y EN A EU D'AUTRES. J'EN AI RETROUVÉ PLEIN DANS LE MÊME GENRE...
DES LETTRES SIGNÉES DE MOI... QU'ELLE AVAIT ÉCRITES ELLE-MÊME... C'EST COMPLÈTEMENT FOU...
OUI, C'EST COMPLÈTEMENT FOU, MARY...
LA FIN DE NOS ENTRETIENS APPROCHAIT. LA METTRE FACE À LA RÉALITÉ FINIT PAR DEVENIR INÉVITABLE.
IL RESTE À PARLER DES MEURTRES, MARY... EN PARLER VRAIMENT...

ON Y ÉTAIT...
JE SENTAIS SON COURAGE ET JE VOYAIS DES LARMES RETENUES AU COIN DE SES YEUX. MOI, JE NE BOUGEAIS PAS. SURTOUT PAS. ET PUIS, LES PREMIERS MOTS SONT SORTIS...
JE...
JE SUIS AVEC MARTIN. IL EST TOUT PETIT, JE LUI TIENS LA MAIN. ON S'EST ÉLOIGNÉS DU QUARTIER, JUSQU'À CETTE MAISON VIDE...
POURSUIVEZ...
JE LE PRÉVIENS QU'IL FERAIT MIEUX DE RENTRER PARCE QU'IL EST TARD. MAIS LUI, IL VEUT RESTER JOUER AVEC MOI.
ON VA JOUER À L'ÉTAGE MAIS C'EST DANGEREUX, Y A DES TROUS DANS LES MARCHES.
IL PLEURE COMME UN BÉBÉ. « T'AS QU'À RENTRER CHEZ TOI, » JE LUI DIS. MAIS IL ME SUIT TOUT LE TEMPS.

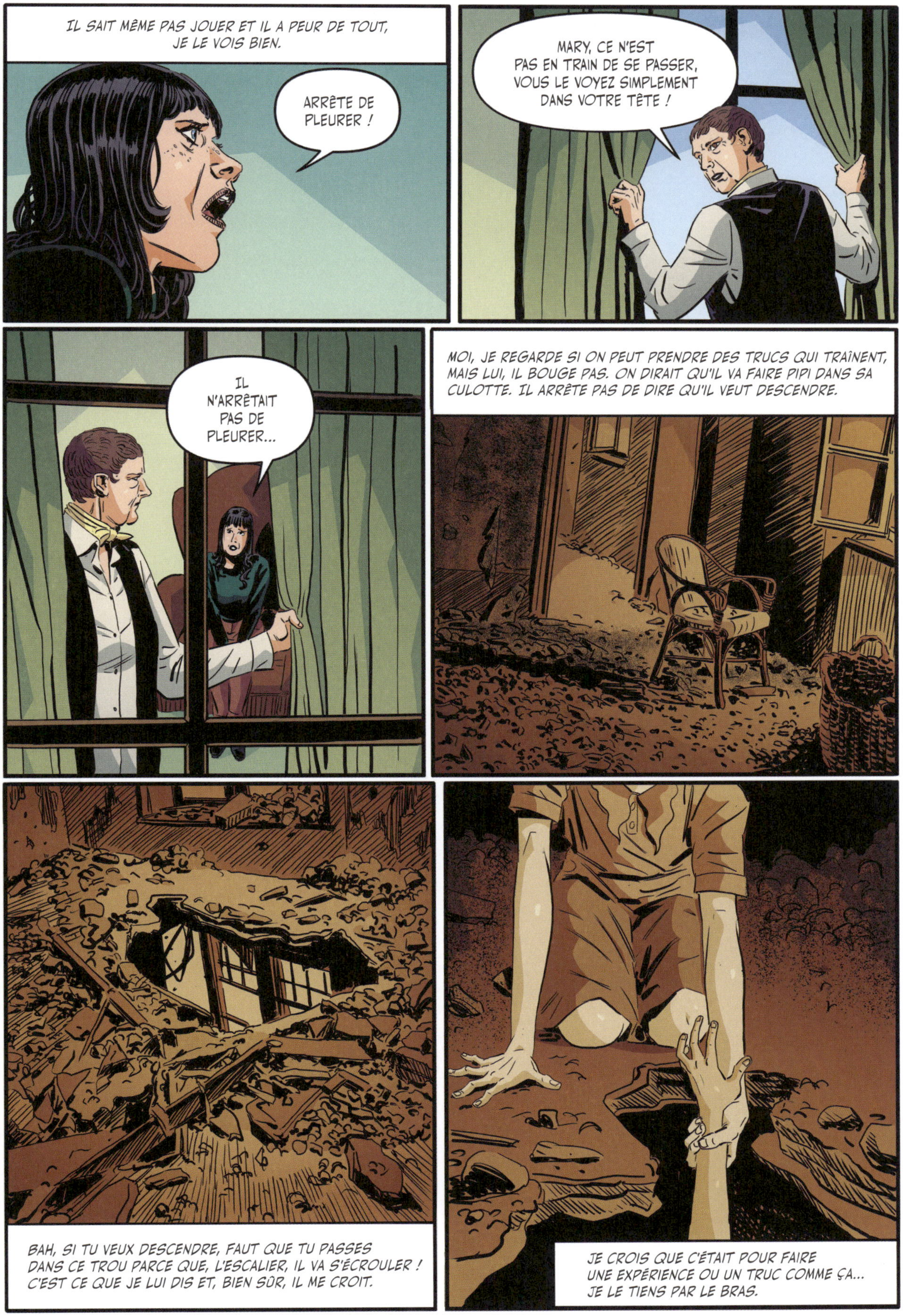
IL SAIT MÊME PAS JOUER ET IL A PEUR DE TOUT, JE LE VOIS BIEN.
ARRÊTE DE PLEURER !
MARY, CE N'EST PAS EN TRAIN DE SE PASSER, VOUS LE VOYEZ SIMPLEMENT DANS VOTRE TÊTE !
IL N'ARRÊTAIT PAS DE PLEURER...
MOI, JE REGARDE SI ON PEUT PRENDRE DES TRUCS QUI TRAÎNENT, MAIS LUI, IL BOUGE PAS. ON DIRAIT QU'IL VA FAIRE PIPI DANS SA CULOTTE. IL ARRÊTE PAS DE DIRE QU'IL VEUT DESCENDRE.
BAH, SI TU VEUX DESCENDRE, FAUT QUE TU PASSES DANS CE TROU PARCE QUE, L'ESCALIER, IL VA S'ÉCROULER ! C'EST CE QUE JE LUI DIS ET, BIEN SÛR, IL ME CROIT.
JE CROIS QUE C'ÉTAIT POUR FAIRE UNE EXPÉRIENCE OU UN TRUC COMME ÇA... JE LE TIENS PAR LE BRAS.

MAIS J'AI PAS ASSEZ DE FORCE ALORS JE LE FAIS TOMBER À L'ÉTAGE DU DESSOUS ! IL RESTE TOUT MOU, J'AI PAS L'IMPRESSION QU'IL EST BLESSÉ OU QUOI.
J'AI QUAND MÊME PEUR DE ME FAIRE ENGUEULER ALORS JE PARS LE RETROUVER.
DE TOUTE FAÇON, IL N'AVAIT RIEN À FAIRE DANS CE TAUDIS ! C'EST PAS UN ENDROIT POUR UN GOSSE SI PETIT !
QUE S'EST-IL PASSÉ ENSUITE ? FERMEZ LES YEUX.
ENSUITE, JE NE SAIS PAS. IL ME REGARDE, JE VOIS BIEN QU'IL A CONFIANCE EN MOI. IL ATTEND. POURQUOI IL A CONFIANCE EN MOI ?
IL N'EST DONC PAS BLESSÉ ?

NON, JE VOUS L'AI DIT, IL VA BIEN ! JE CROIS QUE C'EST À CE MOMENT-LÀ... JE ME SUIS MISE DEVANT LUI ET JE LUI AI DIT DE LE FAIRE.
MAINTENANT, ON VA JOUER À S'ÉTRANGLER LE COU, MARTIN. FAIS-LE.
C'EST LUI QUI COMMENCE. MAIS C'EST UN BÉBÉ, IL N'A PAS DE FORCE. ÇA NE ME FAIT RIEN. « APPUIE ENCORE. ENCORE, » JE LUI DIS.

APRÈS C'EST MOI. ET JE SUIS FORTE, JE SERRE SON COU. ENCORE, ENCORE...
POURQUOI LE FAITES-VOUS, MARY ? ÉTAIT-CE UN JEU POUR VOUS ? OU ÉTIEZ-VOUS FURIEUSE ?
JE NE SAIS PAS, JE LE REGARDE, IL DEVIENT TOUT ROUGE, JE SENS QU'IL RÉSISTE. JE NE SUIS PAS DU TOUT FURIEUSE. JE...
JE NE SUIS PAS VRAIMENT LÀ, C'EST UN NÉANT SOUS MES PIEDS, DANS CE TAUDIS. C'EST COMME SI JE M'ÉVANOUISSAIS AUSSI. JE NE SUIS PAS LÀ.
JE CONNAIS CETTE SENSATION, JE L'AI DÉJÀ VÉCUE... IL SE PASSE QUELQUE CHOSE MAIS, MOI, JE SUIS PARTIE AILLEURS. MON CORPS... JE NE SAIS PAS OÙ, DANS LE NOIR, DOUX, PAS UN CAUCHEMAR, UN ENDROIT OÙ C'EST CALME, JE CROIS...
UN ENDROIT OÙ JE N'AI PAS MAL. MAIS QUI FAIT PEUR TELLEMENT C'EST DOUX. COMME S'IL N'Y AVAIT PLUS PERSONNE.

MARTIN, C'EST UN BÉBÉ DU QUARTIER MAIS JE L'AIME BIEN. JE VOULAIS JUSTE JOUER AVEC LUI. C'ÉTAIT COMME ÇA, LES JEUX AVEC NORMA ET LES AUTRES. ÇA POUVAIT PAS ÊTRE GRAVE. LE PLUS GRAVE, C'ÉTAIT DE SAIGNER UN PEU ET APRÈS, ON METTAIT DES PANSEMENTS.
CE TRUC D'ÉTRANGLER, JE NE L'AVAIS PAS INVENTÉ. C'EST CE QUE ME FAISAIENT LES CLIENTS DE MA MÈRE.
DANS QUEL BUT LE FAISAIENT-ILS ?
OH, J'EN SAIS RIEN. SÛREMENT UN FANTASME... EN TOUT CAS, JE CONNAISSAIS BIEN LES GESTES. JE TOMBAIS DANS LES POMMES ET PUIS C'EST TOUT. J'EN SUIS JAMAIS MORTE.
MAIS POURQUOI AVOIR COUPÉ LES CHEVEUX DU PETIT BRIAN ?
PAS QUE LES CHEVEUX !
OUI... ENFIN... ON A ESSAYÉ DE LUI COUPER SON... VOUS SAVEZ QUOI. SON TRUC DE GARÇON...
EN EFFET, J'AI LU SUR LE RAPPORT DE POLICE QUE C'ÉTAIT JUSTE UNE TENTATIVE, UNE COUPURE...
ON N'A PAS EU LE TEMPS ET PUIS ÇA COUPAIT PAS BIEN...
POURQUOI VOUS EN PRENDRE À SON PÉNIS ? JE PENSE LE COMPRENDRE MAIS J'AIMERAIS QUE VOUS LE FORMULIEZ VOUS-MÊME... LE POUVEZ-VOUS ?
MAINTENANT QUE JE SUIS UNE ADULTE, JE CROIS QUE OUI... JE LE PEUX.
JE CROIS QUE C'ÉTAIT COMME UNE VENGEANCE. EN CASTRANT CE PETIT, JE CASTRAIS TOUS LES AUTRES. CES HOMMES ET LEUR... LEUR VIOLENCE SEXUELLE...

C'EST NOTRE DERNIÈRE SÉANCE, AUJOURD'HUI, MARY, ET JE ME POSE UNE QUESTION.
VOUS VOUS DEMANDEZ S'IL FAUT TOUT ÉCRIRE ?
OUI, PRÉCISÉMENT.
EST-CE QUE JE DOIS VRAIMENT ÉCRIRE LES HORREURS QUE VOUS AVEZ SUBIES À CET ÂGE-LÀ ? JE VEUX DIRE, DANS LE DÉTAIL...
SI TOUT CELA AVAIT ÉTÉ ÉCRIT AVANT QUE JE SOIS CONDAMNÉE, ON NE M'AURAIT PEUT-ÊTRE PAS ENFERMÉE.
EFFECTIVEMENT, ON VOUS AURAIT PLUTÔT AIDÉE.
PEUT-ÊTRE.
C'EST ÇA. PEUT-ÊTRE.
BIEN SÛR, C'EST TROP TARD POUR VOUS ET J'EN SUIS DÉSOLÉE... MAIS LES AUTRES ? TOUS CES ENFANTS ?

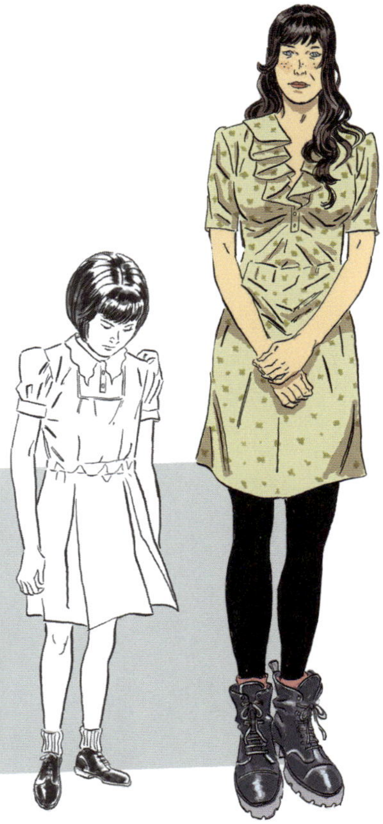

INTERVIEWS
MARY BELL
L'ENFANCE MEURTRIÈRE

PAR AURÉLIEN DUCOUDRAY

Directeur de la collection Karma

INTERVIEW DE THÉA ROJZMAN

Comment as-tu découvert Mary Bell ?

Entre 2016 et 2018, j'écrivais une série d'humour noir pour le magazine *Fluide glacial* sur les « psychopathes célèbres » (tout un programme !). Je cherchais des « cas » et ne trouvais que des hommes. Et il me tenait à cœur de parvenir, si ce n'est à une parité impossible, au moins à un léger équilibre. Il me fallait donc aussi trouver des femmes... Et franchement, ce n'est pas si simple ! Bref, en cherchant des femmes, j'ai trouvé un cas plus étonnant : une enfant ! Je suis tombée en arrêt sur l'histoire de Mary Bell, cette petite fille meurtrière, qualifiée de « psychopathe » par les médias de son époque. Je devais faire cinq pages par personnage pour le magazine. Quand j'ai terminé son histoire et croisé en même temps celle de Gitta Sereny, je savais que je ne pourrais pas en rester là. Ces deux femmes méritaient bien plus que cinq pages ! Et certainement, surtout, un récit qui ne serait pas humoristique...

L'évidence d'en tirer une histoire t'est-elle venue immédiatement ?

Pour cette série, je cherchais et je m'arrêtais ou non sur un « cas », selon mes propres fascinations, ambitions, intérêts. L'histoire de Mary, alliée à celle de Gitta, m'a semblé incroyable et d'une certaine façon importante universellement, nécessaire à raconter, beaucoup plus que d'autres. J'avais envie aussi de les connaître davantage, de tout savoir de cette relation. Sur cinq pages, d'ailleurs, j'ai dû faire l'impasse sur Gitta Sereny. La frustration ! Alors oui, j'ai tout de suite voulu en tirer une histoire plus longue ! Voilà comment je te l'ai ensuite proposée pour la collection Karma ! Tu te souviens ? J'ai ainsi eu la possibilité d'en raconter beaucoup plus, et autrement, comme je le voulais, grâce à toi et Olivier Jalabert (notre éditeur au démarrage) qui avez tout de suite été partants pour cette proposition.

Quels étaient les pièges dans lesquels il ne fallait absolument pas tomber ?

Je ne sais pas trop, peut-être les pièges habituels quand on aborde des histoires vraies douloureuses et criminelles : éviter le pathos, le misérabilisme ou encore le voyeurisme ? Essayer, en tout cas... Ah si, un piège plus subtil et plus compliqué pour moi était de ne pas trop m'attacher à cette enfant, m'attacher au point d'en oublier ses deux meurtres, de les minimiser. Car la vie de ces deux petits garçons compte et ne peut paraître anecdotique ou moins grave que le vécu de leur meurtrière, par exemple. J'espère avoir évité ce piège... Avec ma fin, en partie, au moins... Car Gitta repart avec les deux petits, le souvenir indélébile de ces deux êtres sacrifiés... Elle ne les oublie pas, j'espère donc que nous non plus à la lecture.

Quels ont été tes partis pris d'écriture ?
Tes interdits ? Tes ambitions face à cette histoire ?

Je voulais un récit décalé, comme « drogué » ou « psychanalysé », faire entrer la lectrice ou le lecteur dans une réalité trouble, habitée d'esprits, de rêves, de cauchemars, de réminiscences de l'inconscient, et raccrocher cela par moments (et pour souffler) avec la réalité simple et formelle de leurs échanges. Je voulais provoquer ainsi à la fois l'empathie pour les personnages (en entrant dans leur vie intérieure et non pas en montrant simplement ce qu'ils ont fait ou dit) mais aussi empêcher le jugement péremptoire en mettant en scène la complexité d'une vie humaine et ses ambivalences. Je souhaitais montrer davantage les émotions, les peurs, les sentiments, les doutes, que les faits eux-mêmes qui ne sont qu'un « résultat », une conséquence. Ce faisant, faire l'inverse de la justice de l'époque qui n'a fait que qualifier les actes criminels de cette enfant en passant totalement sous silence toute la part psychologique ainsi que le *background* émotionnel et factuel qui les avait provoqués de façon certainement inconsciente. Pour ce qui est de mes limites, je pense m'être imposé de ne pas « montrer » la violence telle qu'elle a pu être exercée et subie tout au long de cette histoire. Même si les mots en parlent affreusement, crûment (sur les deux pages noires sans images, notamment). Cela étant dit, je me le suis moins interdit que pour mon précédent livre *Grand Silence* , un conte sur la pédocriminalité qui est abordable dès le collège. Dans *Mary Bell*, j'ai voulu enfoncer le clou sur le sujet, m'adresser définitivement aux adultes, ces êtres en responsabilité. Donc j'y suis allée aussi un peu fort en ne cachant pas l'horreur, en la disant telle que Mary la disait, pas seulement en la suggérant cette fois. J'ai dû réécrire ces témoignages pour des questions de droits mais tout ce que je rapporte ici correspond à ce que Mary a pu dire. J'ai vraiment voulu restée fidèle à sa parole, même en la réécrivant...

Je ne livre pas ce livre sans appréhension : il pourra être mal reçu, j'en ai bien conscience. Il peut heurter, choquer, scandaliser. Mais je voulais vraiment faire prendre conscience de ce fait si terriblement vrai : la violence est à l'origine de la violence. Et participer à mon niveau à faire grossir cette autre prise de conscience encore embryonnaire de mon point de vue : nous devons détecter, sauver puis soigner les enfants victimes, non seulement pour eux-mêmes, mais aussi parce qu'ils répercuteront, contre les autres ou contre eux-mêmes, la violence subie si rien n'est fait. Nous avons avancé depuis les années 60, un peu... mais franchement, à peine. Personnellement, je ne comprends pas que ce ne soit pas une priorité. Les conséquences immenses pour les individus mais aussi pour la société (santé publique, délinquance, maladies, etc.) sont documentées depuis longtemps maintenant.

Cette histoire est importante parce qu'elle montre les causes et conséquences de la violence mais aussi que le « mal » n'existe pas en soi, que nous le créons aussi par nos défaillances et négligences collectives. Cette histoire montre aussi qu'il existe des individus qui ne détournent pas le regard et font avancer nos systèmes défaillants, dysfonctionnels. Ici, c'est Gitta qui tient ce rôle. Ce sont nos lanceuses et lanceurs d'alerte, nos professionnelles et professionnels de l'éducation ou de la santé, des journalistes intègres et volontaires, etc. Je souhaitais aussi rendre justice et honneur à ces personnes discrètes mais importantes et souvent trop peu valorisées, encouragées ou soutenues, leur rendre hommage par le biais de cette histoire. Ce sont elles qui permettent aux processus humains d'évoluer vers plus de justice, de conscience, d'égalité et de paix. Même si nous régressons à plein d'endroits, dans beaucoup de pays nous progressons tout de même concernant les droits, la considération et la protection de l'enfance, par exemple. *To be continued…*

Souvent, le héros d'une histoire est la réflexion de l'auteur dans un miroir. Là, ça me paraît difficile, non ? Quelle part de Mary as-tu en toi ? Et de Gitta ?
Te répondre pourrait donner lieu à une consultation d'analyse. Or je n'ai pas 80 euros sur moi, désolée, haha. Mais pour faire court, je ne pourrai pas nier que mon attirance pour cette histoire et pour ces deux femmes n'est évidemment pas anecdotique. Je me sens proche de Mary et Gitta, oui, parce que des parts de moi ou de mon vécu font écho à ce qu'elles sont, veulent, ont subi ou tentent de réparer, leurs blessures, certaines quêtes… Oui, je le confesse (et ça, c'est gratuit !).

Cette histoire a-t-elle été dure à écrire ?
(De mon côté, quand j'ai reçu ton scénario, elle a été dure à lire !!)

Ah, désolée pour la lecture… J'espère que ce n'est pas le seul « effet » ressenti, sinon le projet est un peu loupé ! Nous n'avons pas fait ce livre pour faire du mal à qui que ce soit ni pour être pénibles et affliger un lectorat. Côté écriture, non, bizarrement ce livre n'a pas été dur à écrire, même au contraire. Non pas que ce fût « facile », ça non…Mais je me suis sentie portée par l'énergie de Gitta, comme missionnée pour reprendre un flambeau, pour continuer, de façon momentanée et sans commanditaire, son combat et sa quête des racines du mal en transmettant à d'autres avec un autre support : la bande dessinée. D'autres que j'espère nombreux et compréhensifs. Je me suis beaucoup appuyée sur son livre *Une jolie petite fille,* et si je n'ai pas pu reprendre ses mots exactement et ceux de Mary, j'ai vraiment essayé de marcher dans leur pas, parler comme elles, ne pas les trahir. Gitta Sereny est décédée en 2012, Mary Bell est toujours vivante, elle a 66 ans à l'heure où j'écris ces lignes. Si elle tombe sur ce livre un jour, j'espère qu'elle comprendra ma démarche et ne se sentira pas (trop) trahie. Car forcément, n'étant pas elle ni sa mémoire, j'invente, j'interprète, je fabrique une autre histoire que la sienne…

Pourquoi insuffler de la poésie dans un récit réaliste ?

C'est un procédé que j'utilise beaucoup dans mon travail, même quand il s'agit de biopics ou de témoignages, de faits historiques et réels. Simplement parce que le réel brut, factuel, étriqué dans son espace-temps et sa narration normée est insuffisant pour rendre compte de la réalité. Elle est beaucoup plus profonde, énigmatique et complexe que ce que les mots ou les descriptions en racontent à un premier niveau d'expression. J'essaie d'utiliser ainsi la bande dessinée qui est pleine de ressources et d'atouts ! En effet, avoir la possibilité d'utiliser à la fois et en même temps des mots et des images permet de rendre compte de plus de pans de réalité, de créer des surgissements poétiques qui ne seront pas « clairs et concis » comme un paragraphe d'historien ou un article de journal, mais permettent de « ressentir », de faire des choix personnels de compréhension en fonction de son propre vécu, de se frotter à la complexité et d'être dans l'incapacité de rester binaire, limité, étriqué à son tour. Je veux ouvrir ces espaces, quitte à me planter, à le faire maladroitement, à ne pas être assez consensuelle ou mal comprise. C'est un risque que j'ai choisi de prendre. Et si je dois faire autrement, pour des projets de commande par exemple qui ne me laisseraient pas de « liberté », eh bien j'en ressens une souffrance et un ennui profond. Je refuse donc ces projets, je ne suis pas la bonne personne pour faire ce travail.

Comme Gitta qui a un désir absolu de comprendre les faits et le pourquoi des faits, qu'as-tu compris en travaillant sur Mary Bell ?

Je n'ai pas le sentiment d'avoir compris des choses mais plutôt d'avoir été confortée dans certaines de mes pensées et analyses. Je me suis attachée à cueillir dans cette histoire ce que je savais déjà et veux défendre, porter, transmettre. De ce fait, je suis peut-être passée à côté d'autres éléments importants, instructifs, de ce parcours de vie et de ces deux personnes. Mais il fallait faire des choix et aller directement à ce que je jugeais essentiel.

Difficile de trouver une dessinatrice pour ce projet ? Quelles étaient tes envies et craintes ?

Je n'ai pas trop eu le temps de me pencher sur la question car très vite Olivier Jalabert, notre éditeur au démarrage du projet, avait trouvé Vanessa Belardo et me l'avait proposée. J'ai donc tout de suite envisagé le projet avec le dessin de Vanessa, sans attendre ou chercher autre chose. Et nous avons eu une connivence très forte dès le début, Vanessa et moi, malgré la distance et la barrière de la langue (elle vit à Milan et ne parle pas français, tout autant que moi qui ne parle pas italien). Et elle n'a pas eu « peur » du projet qui était pourtant difficile à dessiner, à cause du sujet mais aussi du style de scénario qui mêlait trois temporalités et presque trois ambiances différentes : la réalité présente, les souvenirs datés et toute la partie « psychanalytique », hallucinée ou onirique. Un sacré défi pour une dessinatrice ! Un défi qu'elle a relevé avec intelligence, connexion totale à mes intentions et empathie pour les personnages.

Comment travaillais-tu avec Vanessa ? La barrière de la langue était-elle un atout ou une difficulté ?

Oh, forcément une difficulté, une frustration aussi ! Je crois qu'on aurait adoré, elle et moi, se donner rendez-vous dans un beau bar milanais ou parisien et se parler pendant des heures en partageant une bouteille de vin exceptionnel ! La barrière de la langue est un sacré handicap dans une collaboration aussi importante, précise, qui demande une totale compréhension mutuelle. J'ai donc eu besoin que notre maison d'édition traduise correctement tout le scénario en italien pour Vanessa ! Mais ensuite, il a fallu communiquer ensemble pendant deux années au moins. La barrière de la langue fait qu'on ne s'est jamais rencontrées ni même téléphoné (pour dire quoi à part « *hihi sorry I don't understand* » ?). Nous avons travaillé exclusivement par mail, avec un traducteur en ligne. Mais nous avons fait cela tout de suite d'une façon particulière : je lui écrivais en italien et elle me répondait en français. Au lieu de faire l'inverse qui aurait été plus simple et logique. C'est drôle, non ? C'était un signe de sympathie et d'effort vers l'autre qui s'est établi au départ et que nous avons gardé jusqu'au bout. Au final, Vanessa fait partie des partenaires avec qui j'ai travaillé avec le plus d'harmonie, de gentillesse et de compréhension réciproques. Par ailleurs, nos esprits sont « connectés », sensiblement très proches. C'est en tout cas ce que je ressens alors même que nous ne nous sommes jamais vues. Alors la barrière de la langue est devenue un souci très secondaire, même oublié en fin de compte.

MARY BELL 1980

Quand tu écris, vois-tu les scènes ? (Moi, je ne vois rien, par contre j'entends les personnages parler !!)

Ah oui, c'est fou, ça, tu me l'avais dit ! Oui, en effet, moi, je « vois » plutôt les scènes. C'est vraiment intéressant, cette distinction entre les scénaristes ! D'ailleurs, nous ne fournissons pas du tout le même genre de scénario non plus à nos partenaires. Il n'y a aucun modèle ni aucune règle totalement définie. Cette différence entre nous vient aussi peut-être du fait que je dessine aussi et dessinais mes propres livres tout au début ? Je veux bien ton explication ! On en reparle quand tu veux !

Que dirais-tu à Mary si tu la rencontrais ? Et à Gitta ?

À Mary, je dirais « Pardon » et à Gitta, je dirais « Merci ».

APRÈS LE GOÛTER, MARY A VOULU RETOURNER VOIR LE MARMOT, ELLE A DIT QU'ELLE VOULAIT LE RENDRE CHAUVE.
ELLE A COUPÉ UN BOUT DE CHEVEUX PRÈS DE SON FRONT ET L'A POSÉ SUR L'HERBE. APRÈS ELLE A APPUYÉ PLUSIEURS FOIS LES CISEAUX SUR SON VENTRE MAIS PAS FORT.
GITTA, STOP ON ARRÊTE !
QUAND MARY A SU QUE NORMA AVAIT TOUT DÉBALLÉ, ELLE A DÉBALLÉ AUSSI MAIS AVEC UNE AUTRE VERSION ÉVIDEMMENT, UNE VERSION QUI ACCUSAIT NORMA...
J'AI DIT STOP, J'AI PAS ENVIE D'ENTENDRE LA SUITE, ON ÉTAIT DES GAMINES, ON DISAIT N'IMPORTE QUOI.
MAIS OÙ EST PASSÉE LA PRAIRIE ?

INTERVIEW DE VANESSA BELARDO

Vanessa, la première fois que tu as lu le scénario de Théa, qu'en as-tu pensé ?
Je ne connaissais pas l'histoire de Mary Bell. Elle m'a frappée par son humanité, mais aussi intriguée et fascinée. J'ai tout de suite été en phase avec Théa et sa façon de raconter son histoire. Je suis passionnée par les faits divers aux implications macabres et horrifiques. J'ai dessiné plusieurs histoires d'horreur, mais elles étaient toujours fictives et fantastiques. C'est la première fois que j'illustre une histoire réelle, et avec une histoire aussi intense, ça a représenté un véritable défi ! Et j'ai beaucoup apprécié le choix de Théa d'utiliser des scènes surréalistes pour une grande part de l'album, rendant plus accessibles certains thèmes, permettant de ne pas être trop rhétorique et sans alourdir le texte. Je crois que Théa a ainsi trouvé le bon équilibre pour raconter l'histoire de Mary avec délicatesse et intelligence.

As-tu besoin d'aimer les personnages quand tu les dessines ?
Absolument pas !! Hahahaha ! Au contraire, la plupart du temps, je m'amuse davantage à dessiner les personnages les plus controversés et les plus négatifs, avec lesquels je ne me lierais pas d'amitié dans la vraie vie. Par exemple, dans cette histoire, certaines pages avec la mère de Mary ont été parmi les plus amusantes à dessiner. La première fois qu'elle est apparue dans l'histoire, je l'ai immédiatement imaginée avec son manteau de fourrure excessif, sa perruque, son maquillage lourd… et j'ai eu très envie de la dessiner. Je pense que c'est aussi une question de goût personnel, j'ai toujours été plus fascinée par les personnages les plus sombres, les « méchants » des histoires.

Comment as-tu adapté ton style réaliste à un récit qui demande rapidement des images assez fantasmagoriques ? Était-ce simple de constamment naviguer entre ces deux univers ?
D'un point de vue stylistique, je trouve que même (sinon surtout) avec un style réaliste, il est plus difficile de dessiner la vie réelle et les scénarios réels. Les scènes surréalistes me permettent de jouer un peu plus avec mon imagination, avec la composition de la planche, avec le type de graphisme.

Les passages avec des images plutôt dérangeantes n'ont pas été un obstacle majeur. J'aime les décors glauques, comme vous l'avez peut-être déjà deviné, je suis à l'aise dans le malaise, hahahaha. Évidemment, si, à la première lecture, l'histoire m'est apparue dans toute sa puissance dramatique, j'ai cherché des moyens de m'amuser lorsqu'il s'est agi de trouver des solutions aux scènes sombres et à la manière de les représenter.

La documentation de l'époque était-elle simple à trouver ?
Comment as-tu procédé ?

Ce n'était pas si facile. Nous avons pu trouver quelques photos de la petite Mary et de certains lieux, scènes de crime et policiers qui ont suivi l'affaire ainsi que quelques photos de Gitta. Mais pour la majeure partie de l'histoire, il s'agissait surtout de recréer l'atmosphère adéquate. Le fait que de nombreuses scènes se déroulent dans un monde surréaliste a aidé à se passer de documentation.

Quel type de recherches as-tu faites pour le personnage de Mary Bell ?
Le fait qu'elle existe vraiment a-t-il été un frein à ton imagination ?

Au début, je pense que oui. Pour Mary enfant, j'avais fait une proposition où elle paraissait plus âgée. Inconsciemment, je pense que l'histoire m'a influencée et «gênée», comme si je trouvais difficile d'aborder un personnage si jeune et si frêle, compte tenu des événements qui se sont déroulés.

Tu as un dessin noir et blanc déjà bien marqué en termes de contraste, comment as-tu intégré la couleur qui joue un rôle très important narrativement ?

Je pense que Stefano a fait un excellent travail en n'alourdissant pas les pages déjà si pleines de noir. De plus, le choix du monochrome pour les pages de flash-back et surréalistes réussit, je pense, à rendre plus lisible le déroulement de l'histoire, dans sa complexité, avec les changements de scènes et de registres narratifs.

Dans ta routine de travail, était-ce agréable de retrouver Mary tous les jours ?

Déjà, je ne pense pas que ma routine soit particulièrement excitante, haha. L'important pour moi est d'avoir de la bonne musique et une bonne ambiance. Ça me permet de me concentrer et de m'immerger dans ce que je fais, même lorsque l'histoire est plus… compliquée. Évidemment, comme j'ai passé plusieurs mois en compagnie de Mary et Gitta, je me suis attachée aux personnages. Pendant ces périodes créatives, les personnages que vous dessinez deviennent presque aussi réels que vos amis, en fait, et au bouclage, vous les voyez plus que vos amis. Hahahaha.

Qu'as-tu appris une fois ce bouquin terminé ?
Je crois que nous apprenons toujours quelque chose de chaque travail et de chaque histoire. Lorsqu'un tel récit nous implique, voire nous fait souffrir, peut-être apprenons-nous simplement un peu plus. Cet album sur Mary Bell a été l'occasion d'apprendre à travailler dans un registre surréaliste, avec des images particulières et un peu loufoques, stimulant davantage l'imagination. Bien sûr, Théa a toujours été très claire dans sa description de ces scènes, mais elle m'a toujours laissé la possibilité de proposer ma propre idée. Mais l'histoire de Mary ne m'apprend malheureusement rien de nouveau, sauf me rappeler qu'il faut toujours affronter les complexités avec courage et sans paresse intellectuelle, toujours garder un œil attentif pour reconnaître les injustices.

Que retiens-tu de ta collaboration avec Théa ?
Que dire ? Pendant toute l'histoire, elle a été pour moi la voix de Gitta. Une femme intelligente et incroyablement ironique. Ce fut un réel plaisir de travailler avec elle alors même que nous ne nous sommes jamais rencontrées et que nous n'avons communiqué que par le biais d'e-mails et de messages. Mais j'ai eu l'impression d'être à table avec elle, comme Gitta et Mary dans une scène du livre, en train de boire du thé, de parler sérieusement de cette histoire importante et de rire légèrement d'autre chose de temps en temps.

MARY BELL
L'ENFANT PSYCHOPATHE

MARY BELL
L'ENFANT PSYCHOPATHE

MARY BELL
L'ENFANT PSYCHOPATHE

MARY BELL
L'ENFANCE MEURTRIÈRE

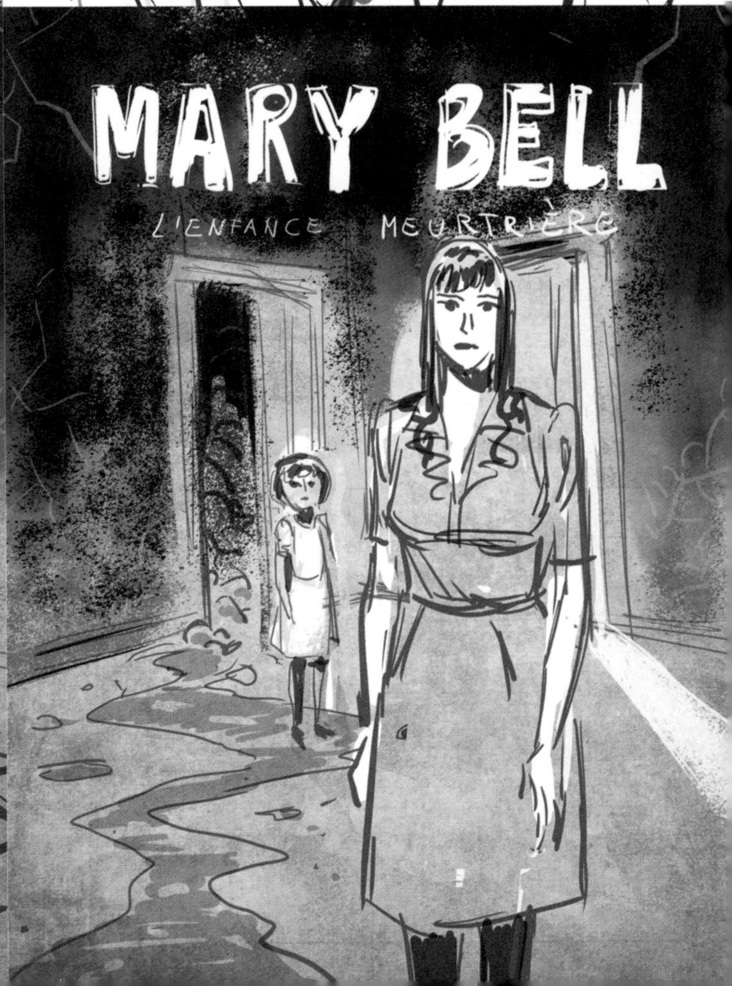
MARY BELL
L'ENFANCE MEURTRIÈRE